"Um livro sobre mundanismo parece bastante fora de moda em nossos dias. Conversas sobre santidade e separação do mundo parecem pertencer a outra época. Joel Beeke nos dá um senso e uma dose de pureza, como um copo de água pura e fresca em meio às águas abundantes de conversas turvas sobre a santificação. Este livro é não somente uma leitura oportuna, mas também essencial para todo crente resoluto em seguir a Cristo".

DEREK W. H. THOMAS

"Por que o mundanismo é um assunto tão sério para o crente individual e a igreja? Beeke nos presta um grande serviço ao responder a esta e a outras perguntas a respeito do mundanismo, de uma maneira bíblica, prática e perspicaz. Estou contente porque este livro está disponível ao meu próprio crescimento e ministério espiritual e ao benefício de outros que serão abençoados."

WAYNE A. MACK

"Todo crente é chamado a uma vida de pureza. Estes capítulos definem o que é um espírito mundano e nos exortam a perseguir com determinação a vitória sobre este mundo impuro."

GEOFF THOMAS

"Vencendo o Mundo não é somente uma exposição brilhante do significado de mundanismo, mas também um guia muito prático. João Calvino é mostrado como um grande reformador que tinha profundo interesse em que a espiritualidade básica afetasse o relacionamento do crente com o mundo. Precisamos deste livro de Joel Beeke — precisamos lê-lo, absorvê-lo, praticá-lo e recomendá-lo onde quer que pudermos."

MARTIN HOLDT

JOEL R. BEEKE

VENCENDO O MUNDO

Graça para Vencer a Batalha Diária

B414v Beeke, Joel R., 1952-
 Vencendo o mundo : graça para vencer a batalha diária / Joel R. Beeke ; [tradução: Francisco Wellington Ferreira]. – 2. ed. – São José dos Campos, SP: Fiel, 2018.

 215 p.
 Tradução de: Overcoming the world : grace to win the daily battle
 Bibliografia: p. [193] - 215
 ISBN 9788581324418

 1. Vida cristã - Escritores reformados. I. Título.

 CDD: 248.4833

Catalogação na publicação: Mariana C. de Melo Pedrosa – CRB07/6477

Vencendo o Mundo
Graça para vencer a batalha diária
Traduzido do original em inglês:
Overcoming the World – Grace to win the daily battle, por Joel R. Beeke
Copyright © 2005 by Joel Beeke

•

Publicado em inglês por P&R Publishing,
P.O Box 817 – Phillipsburg, NJ
08865-0817 - USA

Copyright © 2008 Editora Fiel
Primeira Edição em Português 2008

•

Todos os direitos em língua portuguesa reservados por Editora Fiel da Missão Evangélica Literária

Proibida a reprodução deste livro por quaisquer meios, sem a permissão escrita dos editores, salvo em breves citações, com indicação da fonte.

•

A versão bíblica utilizada nesta obra é uma variação da tradução feita por João Calvino

•

Diretor: Tiago J. Santos Filho
Editor: Tiago J. Santos Filho
Tradução: Francisco Wellington Ferreira
Revisão: Tiago J. Santos Filho
Capa: Edvânio Silva
Diagramação: Spress
Direção de Arte: James Richard Denham III

ISBN impresso: 978-85-8132-367-1

Caixa Postal, 1601
CEP 12230-971
São José dos Campos-SP
PABX.: (12) 3919-9999
www.editorafiel.com.br

Com sincera gratidão ao meu fiel colega

Dr. Gerald M. Bilkes

e à dedicada equipe

Jay Collier
Kara Dedert
Gary den Hollander
Jonathan den Hollander
Linda den Hollander
Lois Halley
Christel Horlings
Kate Timmer
Linda VanBeek
Amy Zevenbergen
Lil Zevembergen
Kelly Ziegler

*Pela ocasião de mudarmos para o novo prédio
de nosso seminário e ministério de livros.*

Sumário

Prefácio 9

Parte 1
Vencendo o mundo pela fé

1 O que significa vencer o mundanismo? 13
2 Praticando a vida vitoriosa 21
3 Tornando a vitória duradoura 35

Parte 2
Vencendo o mundo por meio da piedade:
A resposta de Calvino ao mundanismo

4 O que é piedade? 43
5 Comunhão com Cristo 47
6 A piedade e a igreja 53
7 A piedade e o crente 67

Parte 3
Vencendo o mundo por meio da santidade

8 A chamada ao cultivo da santidade 81
9 Como cultivar a santidade 91
10 Encorajamentos ao cultivo da santidade 101
11 Obstáculos ao cultivo da santidade 107
12 A alegria de cultivar a santidade 113

Parte 4
Vencendo o mundo no ministério

13 Sua vida particular 121
14 Sua vida de oração 129
15 Seu relacionamento com Deus 133
16 Sua família 139
17 Sua luta contra o orgulho 145
18 Seu conflito com as críticas 151
19 Sua pregação 167
20 Seu pastoreio 173
21 Suas convicções para vencer o mundo 185

Notas 193

Prefácio

O mundanismo está destruindo a igreja de Jesus Cristo. Os crentes e as igrejas que caem no mundanismo perdem sua salinidade. O tempo é oportuno para desmascararmos e condenarmos biblicamente o mundanismo, bem como para promovermos a alternativa de santidade e verdadeira piedade.

Este livro aborda esta necessidade, servindo-se de uma perspectiva prática. Seus capítulos desenvolvem quatro mensagens apresentadas na Escola de Teologia do Tabernáculo Metropolitano, em Londres, nos dias 2 a 4 de julho de 2002. A primeira mensagem (Capítulos 1 a 3), um sermão com base em 1 João 5.4-5, mostra como o mundanismo pode ser vencido somente por meio da fé salvadora em Jesus Cristo. A segunda mensagem mostra como o ponto de vista de João Calvino sobre a piedade constitui uma resposta abrangente e positiva ao problema do mundanismo — uma resposta que inclui os aspectos teológico, eclesiástico e pessoal (Capítulos 4 a 7). A terceira mensagem nos chama ao cultivo da santidade como um antídoto para o mundanismo (Capítulos 8 a 12). A última mensagem, fundamentada em Atos 20.28, examina como os pastores e outros que servem ao Senhor podem vencer o mundo (Capítulos 13 a 22). A segunda e a terceira mensagem são revisões de materiais impressos nas seguintes obras: *The Cambridge Companion to John Calvin* (Cambridge: University Press, 2004, p. 125-152), editado por Donald McKim; "Cultivating Holliness", *Reformation & Revival*

(Primavera de 1995), p. 81-112; e *Holiness: God's Call to Santification* (Edinburgh: Banner of Truth Trust, 1994).

Agradeço ao Dr. Peter Masters, bem como à sua esposa, Jill Masters, por sua hospitalidade e amizade e por me convidarem, repetidas vezes, para ministrar no histórico Tabernáculo Metropolitano de Londres. Agradeço também à excelente equipe do Tabernáculo. Que prazer é ministrar na Escola de Teologia do Tabernáculo! Rogamos a Deus que sua bênção esteja sobre aquela igreja e aquela escola e que este livro ajude muitos a deixar os caminhos do mundo, para seguirem o caminho da verdadeira piedade e santidade reformada.

Ofereço agradecimentos sinceros à minha querida esposa, Mary, o singelo dom de Deus para mim, aos meus filhos (Calvin, Esther e Lydia), à *Heritage Netherlands Reformed Congreatation* e ao *Puritan Reformed Theological Seminary*, por permitirem que me ausente de meus deveres regulares para ministrar no Tabernáculo.

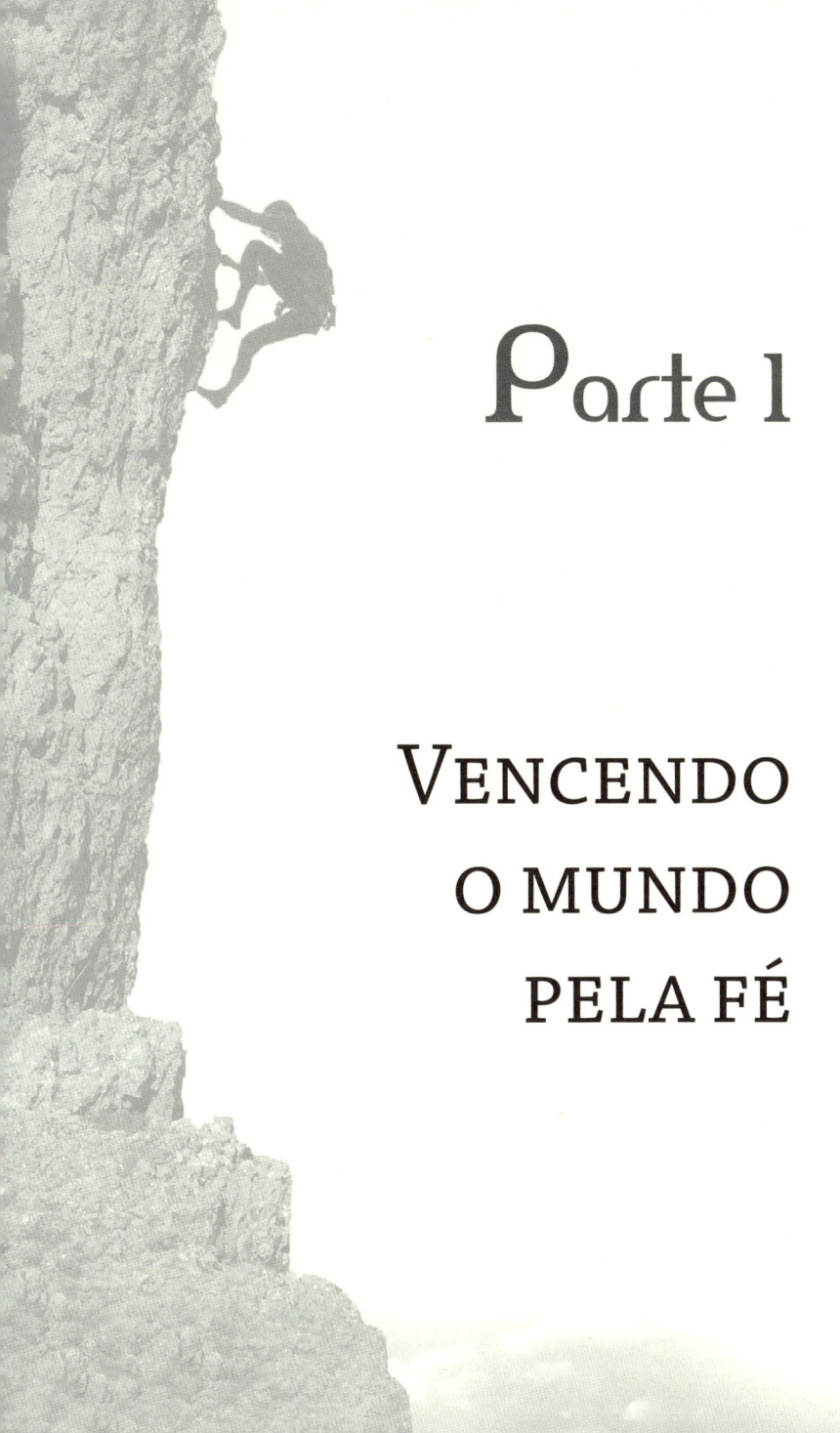

Parte 1

Vencendo o mundo pela fé

Capítulo 1

O QUE SIGNIFICA VENCER O MUNDANISMO?

As coisas mais valiosas da vida não são obtidas e, muito menos, preservadas com facilidade. Isto é verdade no que diz respeito à bênção espiritual de um relacionamento pessoal e salvífico com Deus, de um casamento norteado pela Bíblia, de laços íntimos com familiares e amigos, da aprovação divina sobre o nosso trabalho, de contentamento em Cristo e de um estilo de vida disciplinado, de comprometimento com a igreja e o reino de Deus.

Nenhuma dessas bênçãos deve ser entendida como algo imediato e garantido. Na vida espiritual, nos relacionamentos pessoais, em todo o nosso labor, este princípio é verdadeiro: o caminho da bênção é o caminho da dor.

A dor é um ingrediente essencial ao crescimento. Essa é a razão por que falamos em dores de crescimento e repetimos a expressão "Sem dor, sem ganho" (no pain, no gain).

Na natureza, luta e dor também são necessárias ao crescimento adequado. Considere o exemplo da história de um homem que achou o casulo de uma mariposa e o levou para casa, a fim de vê-la surgir. Um dia, apareceu uma pequena abertura. Durante várias horas, a mariposa lutou, mas, em certo ponto, não conseguia forçar a passagem de seu corpo. Concluindo que algo estava errado, o homem pegou uma tesoura e cortou o resto do casulo. A mariposa saiu facilmente, com seu corpo amplo e dilatado, com suas asas pequenas e encolhidas. O homem esperava que em poucas horas as asas da mariposa abririam em sua beleza natural, mas isso não aconteceu. A mariposa gastou a vida se arrastando com seu corpo dilatado e suas asas encolhidas. A luta e o esforço necessários para atravessar a pequena abertura do casulo são o caminho de Deus para forçar a passagem de fluidos do corpo para as asas da mariposa. O bondoso corte feito com a tesoura foi, na realidade, algo muito cruel.

De modo semelhante, a vida cristã é uma luta. Exige entrada por meio de uma porta estreita e um andar diário num caminho estreito. O caminho cristão não é um caminho intermediário entre dois extremos, e sim um caminho estreito entre dois precipícios. Envolve viver pela fé, com auto-renúncia, travar uma guerra santa em um mundo hostil. É uma guerra árdua, pois o mundo não luta com justiça ou clareza, não aceita cessar fogo e não assina tratados de paz.

Para observarmos como o crente pode vencer o caminho do mundanismo, examinemos 1 João 5.4-5, que diz: "Porque todo o que é nascido de Deus vence o mundo; e esta é a vitória que vence o mundo: a nossa fé. Quem é o que vence o mundo, senão aquele que crê ser Jesus o Filho de Deus?" Com a ajuda de Deus, consideraremos em três partes o assunto de vencer o mundo pela fé: o que isto significa (Capítulo 1), como é praticado (Capítulo 2) e como torná-lo duradouro (Capítulo 3).

Em capítulo anterior de sua epístola, João nos encoraja a fugir do mundanismo. 1 João 2.15-17 afirma: "Não ameis o mundo nem as coisas que há no mundo. Se alguém amar o mundo, o amor do Pai não está nele; porque tudo que há no mundo, a concupiscência da carne, a concupiscência dos olhos e a soberba da vida, não procede do Pai, mas procede do mundo. Ora, o mundo passa, bem como a sua concupiscência; aquele, porém, que faz a vontade de Deus permanece eternamente".

Nestes versículos, João contrasta o amor ao mundo com o amor ao Pai. Esses dois são incompatíveis. E Jesus disse: "Ninguém pode servir a dois senhores; porque ou há de aborrecer-se de um e amar ao outro, ou se devotará a um e desprezará ao outro" (Mt 6.24). Um único amor deve governar nossa vida: uma paixão santa por Deus e por suas coisas. A escolha é clara, e as orientações, simples; mas o caminho não é fácil. Jesus também disse: "Vigiai e orai, para que não entreis em tentação; o espírito, na verdade, está pronto, mas a carne é fraca" (Mt 26.41).

O que João pretendia dizer com a palavra "mundo"? A palavra grega *kosmos*, ou mundo, tem vários significados no Novo Testamento. Em 1 João 5.4, o apóstolo não se refere ao mundo físico em que vivemos ou às inúmeras pessoas que vivem neste planeta. Pelo contrário, João usa esta palavra para se referir a um reino cujo governante e súditos estão perdidos no pecado, em total discordância com tudo que agrada a Deus. O apóstolo está falando sobre o reino das trevas de Satanás, que inclui todas as pessoas que estão sob o domínio de Satanás e vivem de acordo com os padrões deste mundo.

No texto de 1 João 5, "mundo" é uma esfera que está em oposição a Cristo e à sua igreja. Este mundo, embora criado para refletir a glória de Deus, vive agora em rebelião contra o Senhor e o seu Cristo (Sl 2.2). Tornou-se um mundo caído e desordenado, nas mãos do Maligno — um mundo rebelde e alienado porque Adão quebrou o seu relacionamento com Deus. O mundo é a humanidade pecaminosa, vista em sua totalidade, sob o domínio do deus deste século (2 Co 4.4), entregue à injustiça, hostil à verdade e ao povo de Deus. O mundo significa homens, mulheres e crianças que se focalizam nas concupiscências do mundo e negligenciam o mundo por vir. Apesar de suas grandes conquistas, este mundo está perdido e incapaz de salvar a si mesmo.[1]

O alvo das pessoas do mundo é avançar para frente e não para o alto, viver no sentido horizontal, e não no sentido vertical. Buscam prosperidade exterior, em vez de santidade. Estão repletas de desejos egoístas, e não de súplicas sinceras a Deus. Se não negam a Deus, elas O ignoram, O esquecem ou O buscam apenas por causa de seus desejos egoístas.

O mundanismo é a natureza humana sem Deus. Alguém que pertence a este mundo é controlado por interesses mundanos: a busca por prazer, lucro e *status*. O homem mundano se rende ao espírito da humanidade caída — o espírito de interesse pessoal e auto-satisfação. Por natureza, todos nós nascemos mundanos. Pertencemos a este mundo perverso; ele é nosso *habitat* natural.

Por natureza, temos uma mentalidade mundana que não está sujeita "à lei de Deus, nem mesmo pode estar" (Rm 8.7). Assim como somos nutridos pelo cordão umbilical, enquanto estamos no ventre de nossa mãe, assim também estamos ligados a este mundo desde o nascimento. Nosso entendimento foi obscurecido (Ef 4.18) pela culpa do pecado de Adão, a qual foi transmitida a todos nós. Apesar de nosso mundanismo natural, o apóstolo João fala, de modo impressionante, a respeito da vitória sobre essa desvantagem. Ele diz: "Todo o que é nascido de Deus vence o mundo". João usa esta expressão 16 vezes em seus escritos — mais do que todos os outros autores da Bíblia considerados juntos. Mas, o que significa exatamente "vencer o mundo"?

João não pretendia dizer que isto significa conquistar as pessoas deste mundo, vencendo batalhas grandiosas sobre os nossos semelhantes ou dominando os outros. Ele não se referia a governantes com Alexandre, o Grande, que, após conquistar o mundo, entristeceu-se por não haver mais mundo a ser conquistado.

As palavras de João também não significam que devemos retirarnos do mundo, como um monge ou um *Amish*, que tendem a retirarse do mundo estabelecendo suas próprias comunidades. Um crente é chamado a lutar *neste* mundo, embora não seja *deste* mundo. Tem de viver no mundo, mas não permitir que o mundo viva nele. Fugir do mundo não é o mesmo que vencê-lo. Fugir do mundo é como um soldado que evita o sofrimento, por fugir do campo de batalha. No reino de Deus, não há lugar para dissidentes espirituais, pois os crentes são chamados a uma guerra, e não a um piquenique.

Vencer o mundo também não significa santificar todas as coisas do mundo para Cristo. Algumas coisas do mundo podem ser redimidas para Cristo, mas atividades pecaminosas nunca podem ser santificadas. Por exemplo, não precisamos cristianizar a dramatização ou a dança para uso no culto público, nem cristianizar as formas de entretenimento que Hollywood tem a oferecer-nos.

Para o apóstolo João, vencer o mundo significa lutar pela fé contra o curso deste mundo perverso. Vencer o mundo envolve vários aspectos essenciais: (1) uma decisão de vencer o mundanismo; (2) liberdade e perseverança por meio de Cristo; (3) manter-se acima das circunstâncias mundanas; (4) uma vida de auto-renúncia.

UMA DECISÃO DE VENCER O MUNDANISMO

Quem deseja vencer o mundo compreende que tem algo a vencer. Percebe que tem seguido a mentalidade do mundo — pensando como este mundo pensa, falando como o mundo fala, gastando seu dinheiro e energias na busca de coisas mundanas. Compreende que seus pensamentos, palavras e ações têm sido mundanos — que não tem feito nada para a glória de Deus ou motivado por verdadeira confiança na obediência ao espírito da Lei de Deus. "Tenho desperdiçado minha vida", ele lamenta. "Em vez de vencer este mundo, tenho sido vencido por ele. Seu egoísmo, orgulho e materialismo têm me dominado."

Alguém que vence o mundo rompe claramente com amigos, atividades e hábitos mundanos. Ele decide, à semelhança de Josué: "Eu e a minha casa serviremos ao SENHOR" (Js 24.15). Ele resolve aceitar a potencial rejeição do mundo, por colocar o temor do Senhor acima do temor aos homens e estimar os desejos de Deus como mais valiosos do que os desejos dos homens.

LIBERDADE E PERSEVERANÇA POR MEIO DE CRISTO

Perseverança contra o mundo exige bastante graça, pois a luta é intensa (Rm 7). As tentações mundanas nos atraem. As pessoas do mundo nos enganam. O mundanismo interior nos aflige. Satanás, o regente deste mundo, conhece nossas fraquezas. Às vezes, os ataques podem ser tão fortes, que clamamos, como o apóstolo Paulo: "Desventurado homem que sou! Quem me livrará do corpo desta morte?" (Rm 7.24).

Pela graça, aquele que deseja vencer o mundo se esforça por lealdade a Deus, e não ao mundo. Encontrando liberdade tão-somente em Cristo e no servir a Ele, aquele que deseja vencer o mundo clama: "Senhor, rompeste minhas cadeias; com todas as minhas forças, lutarei contra o retorno à escravidão do pecado". Ele canta de todo o coração:

Ó Senhor, deveras sou teu servo, preso mas livre,
Filho da tua serva; quebraste as minhas cadeias.
Redimido pela graça, oferecerei, como sinal de gratidão,
Meu constante louvor a Ti.[2]

MANTER-SE ACIMA DAS CIRCUNSTÂNCIAS MUNDANAS

Paulo aprendeu a viver contente em todas as situações em que se encontrava (Fp 4.11). Nem riqueza, nem pobreza, nem tristeza, nem alegria podia afastá-lo do viver centralizado em Cristo. Isto é o que significa vencer o mundo — viver, por amor a Cristo, acima das ameaças, seduções e prazeres do mundo. Significa seguir a Cristo à semelhança de Calebe (Nm 24.24) em meio aos seus companheiros. Significa permanecer em paz, quando os amigos e as pessoas do trabalho nos desprezam por servirmos ao Senhor. Significa suportar com paciência todas as perseguições que o mundo lança em nós.

O Dr. Peter Hammond, que conheci na África do Sul, disse-me que sempre espera ser preso e perseguido nas ocasiões em que prega no Sudão. Quando insisti que contasse os detalhes da perseguição, o Dr. Hammond disse que havia sofrido "perseguições menores", como ter sua cabeça submergida em um balde de urina, até que era obrigado a bebê-la, ou ter a cabeça coberta por um saco amarrado no pescoço, até que desmaiasse por falta de oxigênio. "Isto não é nada, se comparado ao que nosso Senhor sofreu", ele acrescentou imediatamente.

Muitos de nós não sofremos perseguição desse tipo, mas, se temos de vencer o mundo, não podemos ser amigos do mundo. Conforme nos diz o apóstolo João, as pessoas do mundo que odeiam a Cristo também nos odiarão. Lutero disse que sofrer perseguição é uma característica inevitável de um cristão. Se você é um verdadeiro cristão, espere perseguição. 2 Timóteo 3.12 afirma: "Ora, todos quantos querem viver piedosamente em Cristo Jesus serão perseguidos". Lembre-se de que um mundo que sorri para você é um lugar perigoso.

Ore por graça para resistir à tentação do mundo. Empenhe-se para seguir o conselho de Spurgeon: "Vença o mundo por suportar com paciência toda perseguição que se torna parte de seu quinhão. Não fique irado e não desanime. Zombarias não quebram ossos. E, se você tem algum osso quebrado por amor a Cristo, esse deve ser o osso mais honrado de seu corpo".[3]

UMA VIDA DE AUTO-RENÚNCIA

Abraão é um exemplo primordial de auto-renúncia. Quando Deus o chamou a deixar seus amigos e parentes em Harã, Abraão obedeceu, não sabendo para onde ia. Quando esteve diante da planície bem regada do rio Jordão, ele não quis morar ali, como o fez seu sobrinho Ló. Quando Ló foi levado cativo, Abraão lutou para libertá-lo, recusando apropriar-se de qualquer coisa dos reis derrotados, embora tivesse direito aos espólios da guerra, de acordo com o costume de sua época.

Abraão também negou-se a si mesmo quando passou pelo supremo teste de sua fé. Quando Deus lhe ordenou sacrificar seu filho Isaque, por meio de quem se cumpririam todas as promessas da aliança, Abraão levantou cedo, desembainhou o cutelo e preparou-se para sacrificar seu filho, em obediência a Deus.[4] Que Deus nos dê essa devoção abnegada, pois ela é imprescindível para que vençamos o mundo.

Capítulo 2

PRATICANDO A VIDA VITORIOSA

Por natureza, não possuímos fé como a de Abraão. Estamos mortos em nossos pecados (Ef 2.1-2), até que Deus nos torna, graciosamente, seus filhos (Jo 3.5). Somente quando isso acontece, somos separados deste mundo pecaminoso para nos tornarmos membros do reino de Deus. Conforme nos diz o apóstolo João: "Porque todo o que é nascido de Deus vence o mundo" (1 Jo 5.4).

Ser nascido de Deus significa ser regenerado. A regeneração é aquele ato secreto de Deus pelo qual Ele outorga vida nova a um pecador e torna santa a disposição governante de sua alma. A regeneração não é apenas reforma, religião ou educação, conforme Nicodemos descobriu em sua conversa com Jesus (Jo 3). Antes, é ressurreição dentre os mortos e uma recriação (Ef 2.1; 2 Co 4.16). Conforme alguém já disse: "A regeneração é um acontecimento sobrenatural que nos remove da esfera do mundo, onde Satanás reina, e nos coloca na família de Deus. O feitiço da vida velha é desfeito, e a fascinação do mundo perde seu apelo".

O coração daqueles que são renascidos de Deus passa por uma mudança tão radical, que eles se tornam novas criaturas e possuem uma opinião diferente quanto ao pecado, ao mundo, a Cristo e às Escrituras. Odeiam o pecado e anelam fugir dele. Odeiam o que costumavam amar e amam o que costumavam odiar. Anseiam conhecer a Cristo e viver para agradá-Lo. Esse tipo de pessoa, disse o apóstolo João, "vence o mundo". Nesse sentido, vencer o mundo é um ato completo, que acontece de uma vez por todas. Todo aquele que é nascido de Deus *venceu* o mundo, afirma João.

No aspecto objetivo, esse ato aconteceu quando o Filho de Deus viveu, morreu e ressuscitou dentre os mortos, triunfando sobre o pecado e o inferno. Jesus Cristo derrotou Satanás e o mundo em favor de todos os que Lhe foram dados pelo Pai, desde a eternidade. No aspecto subjetivo, este ato acontece na vida de pecadores que são feitos participantes do grande ato expiatório de Cristo, por meio da regeneração. Em João 15.19, Jesus disse: "Não sois do mundo, pelo contrário, dele vos escolhi, por isso, o mundo vos odeia". Por causa da morte de Cristo, o povo de Deus foi arrancado do reino deste mundo e dado a Cristo e ao reino dos céus. Por meio de Jesus Cristo, eles venceram o mundo, a carne e o diabo. Como nos diz o apóstolo: "Jovens, eu vos escrevo, porque tendes vencido o Maligno" (1 Jo 2.13).

Somos vitoriosos porque pertencemos ao Vencedor. Que verdade maravilhosa a assimilarmos, quando estamos em guerra com este mundo. Somos vitoriosos, não porque somos grandes guerreiros, e sim porque pertencemos Àquele que já triunfou.

No entanto, vencer o mundo ainda é uma batalha diária. João nos recorda isso, quando pergunta: "Quem é o que vence o mundo, senão aquele que crê ser Jesus o Filho de Deus?" (1 Jo 5.5). Neste versículo, o apóstolo usa o tempo presente para focalizar como essa vitória continua a acontecer no presente. Vencemos o mundo porque pertencemos Àquele que venceu, mas também nos empenhamos diariamente para vencer batalhas contra o mundo. Pela graça do Espírito Santo, eis como devemos fazer isso.

Quando alguém é nascido de novo, ele começa a vencer o mundo. No entanto, o crente ainda é atraído ao mundo por causa do pecado que permanece nele. A Bíblia chama essa atração remanescente de "a carne". Assim, enquanto temos de nos guardar incontaminados do mundo, como afirma Tiago 1.27, temos de lembrar que nossa "carne" ainda é inclinada ao mundo. Essa é a razão por que o isolar-se do mundo não pode guardar-nos do pecado. Nós, que somos crentes, carregamos um pedaço do mundo dentro de nós.

Não a natureza, e sim a natureza divina, tentará vencer o mundo. Os crentes têm, pela graça, essa natureza. Como disse o apóstolo Pedro, eles são "co-participantes da natureza divina" (2 Pe 1.4). O Espírito Santo está neles. Estão unidos com Cristo Jesus e são adotados pelo Pai. Pela graça de Deus, podem vencer o mundo. Como nos diz 1 João 5.4: "Todo o que é nascido de Deus vence o mundo; e esta é a vitória que vence o mundo: a nossa fé". Em Cristo, vencemos o mundo, mas também precisamos lutar diariamente contra as tentações do mundo. Isso só pode ser feito mediante a fé.

Em 1 João 2.16, o apóstolo menciona três maneiras pelas quais somos seduzidos aos caminhos do mundo: a concupiscência da carne, a concupiscência dos olhos e a soberba da vida. Na força de Cristo, a fé luta contra esses caminhos, a fim de vencer o mundo.

CONCUPISCÊNCIA DA CARNE

Em primeiro lugar, a fé luta contra *a concupiscência da carne*. A fé recusa amar o mundo que se deleita em concupiscências da carne. Isso significa resistir a tentações tais como drogas ilícitas, fumar, comer exageradamente e beber em excesso. A Bíblia nos adverte, repetidas vezes, contra esses excessos. Não devemos nos tornar escravos de qualquer coisa física, e sim exercer autocontrole, pois o nosso corpo é o templo do Espírito Santo (1 Co 6.12; 9.27; 3.17).

A exortação proferida contra as concupiscências da carne proíbe a imoralidade sexual em todas as suas formas. Proíbe qualquer flerte ou intimidade física fora do casamento. Deus colocou sabiamente a intimidade sexual dentro da santidade da união conjugal.

Temos de ser modestos em nossa maneira de vestir, para que não estimulemos a concupiscência. Roupas que chamam atenção para nosso corpo despertam concupiscências carnais que ofendem a Deus. Ele considera culpado tanto aqueles que provocam a concupiscência como aqueles que cobiçam os provocadores.

Recusar-se a amar o mundo significa guardar-nos a nós mesmos e a nossos filhos das músicas mundanas, festas mundanas, entretenimentos que não edificam, clubes noturnos e tudo que desperta as concupiscências da carne. Temos de perguntar em referência a toda forma de entretenimento: posso orar por isso? Isso glorifica a Deus ou desperta concupiscências da carne? Passa no teste de Filipenses 4.8 — é verdadeiro, justo, puro, amável e de boa fama?

Todos nós precisamos nos esforçar para conhecer nosso próprio coração e suas fraquezas em relação a determinadas concupiscências. Em seu livro *Not Even a Hint* (Nem a Menor Dica), Joshua Harris mostrou com vigor que temos de evitar, tanto quanto possível, tudo que estimula determinadas concupiscências em nós, mesmo quando aquilo que devemos evitar pareça lícito em si mesmo.[1]

A fé recusa amar este mundo perverso. Em vez disso, ela atenta a Romanos 13.14, que declara: "Revesti-vos do Senhor Jesus Cristo e nada disponhais para a carne no tocante às suas concupiscências".

Concupiscência dos olhos

Em segundo lugar, a fé luta contra *a concupiscência dos olhos*. Satanás trabalha arduamente para envolver nossos olhos em entretenimentos mundanos. Assim como ele tentou nossos primeiros pais a acreditarem que o Criador estava sendo severo e inflexível, assim também ele cochicha em nossos ouvidos: "Quando foi que

Deus disse que você não pode assistir filmes ou shows de televisão que quebram freqüentemente os seus mandamentos? Ele não quer que você saiba o que está acontecendo no mundo? Somente um Deus severo e legalista negaria isso a você".

Satanás está usando esses argumentos desde o Paraíso. Ele sabe que o seu tempo é curto; por isso, fará tudo para convencer-nos a olhar as tentações do entretenimento mundano. Talvez ele até usará um amigo para iludir-nos, como usou Eva para tentar Adão. Satanás é um mestre na arte de esconder-se sob o disfarce de amizade.

Hoje, Satanás torna esse fruto ainda mais tentador, permitindo-nos vê-lo na privacidade de nosso lar — em vídeos ou pela internet. Temos de dizer não a todas as formas de entretenimento que ensinam que o homem está no controle deste mundo e que tornam atraente o pecado. Esses entretenimentos fazem o adultério parecer algo inocente, comum e excitante. O assassinato se torna emocionante. A profanidade é a linguagem do dia-a-dia. Não podemos dedicar nosso vigor a isso, pois até o apóstolo Paulo admitiu: "Porque eu sei que em mim, isto é, na minha carne, não habita bem nenhum, pois o querer o bem está em mim; não, porém, o efetuá-lo. Porque não faço o bem que prefiro, mas o mal que não quero, esse faço".

Livremos nossos lares de revistas que não edificam, de novelas desprezíveis, sim, de todo material impresso que contradiz os Dez Mandamentos. Como podemos rogar a Deus que não nos deixe cair em tentação, enquanto continuamos a brincar com a tentação? Como nos adverte Tiago: "Ao contrário, cada um é tentado pela sua própria cobiça, quando esta o atrai e seduz. Então, a cobiça, depois de haver concebido, dá à luz o pecado; e o pecado, uma vez consumado, gera a morte" (Tg 1.14-15).

Fuja da concupiscência dos olhos. Pratique a auto-renúncia. Siga a Paulo, que disse: "Por isso, também me esforço por ter sempre consciência pura diante de Deus e dos homens" (At 24.16).

SOBERBA DA VIDA

Em terceiro lugar, a fé luta contra *a soberba da vida*. Quão predominante é essa soberba em nosso coração. George Swinnock disse: "A soberba é a veste da alma colocada primeiro e tirada por último".² A soberba da vida inclui:

- *Orgulho de nós mesmos e de nossas realizações*. Por natureza, somos cheios de desejo por auto-satisfação e auto-realização. Vivemos para nós mesmos, promovendo nossa própria sabedoria e realizações.

- *Orgulho em desafiar o governo providencial de Deus*. Seitas como o mormonismo e as Testemunhas de Jeová desafiam o governo de Deus, por afirmarem que o homem tem poder de salvar a si mesmo por meio de seus próprios esforços. Desafiar o governo providencial de Deus é o que fazem o Movimento Nova Era, a meditação transcendental, as práticas ocultas como adivinhação, horóscopos, necromancia e leitura da mão. Também é o que fazem as tentativas de manipular e destruir a vida, por meio de aborto, eutanásia ou dos métodos artificiais de controle da natalidade — todas essas tentativas se intrometem e usurpam o papel da providência divina.

- *Orgulho em idolatrar* atores de filmes, heróis de esportes, lideres governamentais e outras figuras populares. João condena toda idolatria humana, chamando-a de soberba da vida.

- *Orgulho do materialismo*. Amar as posses, tais como a nossa casa, o nosso carro e as nossas roupas, mais do que a Deus é idolatria, visto que fomenta nossa busca por prazer. Desonestidade nos negócios, evasão de impostos e outros meios antiéticos de aumentar a riqueza pessoal alimentam a soberba da vida. Esta soberba também é alimentada pela inveja ou pelo desejo de ficar rico, às custas de nosso bem-estar espiritual. A soberba da vida envolve jogos de azar, loterias e tudo que impede que os primeiros frutos de nosso labor sejam dedicados ao Senhor.

- *Orgulho de profanar o Dia do Senhor.* Quão arrogante deve ser o pensamento de que não precisamos separar um dia, entre sete, para adorarmos o Senhor e recebermos o alimento espiritual que nos fortalecerá para a semana vindoura.

A fé luta contra esses caminhos de mundanismo. Ajuda-nos, de várias maneiras, a obter vitória sobre todo o poder sutil do mundanismo externo e interno:

1. Crendo em Jesus, o Filho de Deus. João perguntou: "Quem é o que vence o mundo, senão aquele que crê ser Jesus o Filho de Deus?" (1 Jo 5.5). Quando nos tornamos crentes, temos uma nova natureza que é diferente do mundo. Nossa mente é iluminada, nossa consciência, vivificada, e nosso coração, despertado. Na prática, isso opera pela fé. Pela fé, cremos que Jesus é o Filho de Deus e vencemos o mundo, por deixarmos de olhar para nós mesmos e nossas fraquezas e olharmos para o poder do Senhor.

Depois de escrever sobre os conflitos enfrentados pelos heróis da fé, o autor de Hebreus 11 mostra a única maneira possível por meio da qual aqueles heróis suportaram apedrejamento, fogo, afogamento, tortura e outras perseguições: "Olhando firmemente para o Autor e Consumador da fé, Jesus, o qual, em troca da alegria que lhe estava proposta, suportou a cruz, não fazendo caso da ignomínia, e está assentado à destra do trono de Deus" (Hb 12.2).

Se desejamos vencer o mundo, temos de olhar, pela fé, para Jesus, o Filho de Deus, que suportou a cruz. A cruz denotava vitória para Cristo, pois significava o esmagamento da cabeça da serpente

(Gn 3.15) e o término da obra de sofrimento que o Pai Lhe havia dado (Jo 19.30). Jesus escolheu o ser cravado na cruz, e não o ser coroado rei do mundo. E, naquelas horas terríveis na cruz, o mundo era subjugado aos pés dEle.

A vitória de Jesus, na cruz, foi por você, querido crente. A cruz é também o seu caminho à glória. Quando você se depara com tentação mundana, pergunte-se a si mesmo: "Farei esta grande impiedade contra o meu Senhor e pecarei contra a sua cruz?" Em seguida, confesse, como Paulo: "Longe esteja de mim gloriar-me, senão na cruz de nosso Senhor Jesus Cristo, pela qual o mundo está crucificado para mim, e eu, para o mundo" (Gl 6.14). Cante, juntamente com Isaac Watts:

> Não permitas, Senhor, gloriar-me
> Senão na morte de Cristo, meu Deus;
> Todas as coisas vãs que muito me encantam,
> Sacrifico-as ao sangue de Cristo.

Você também precisa olhar para Jesus, o Filho de Deus, como o Intercessor Todo-Poderoso e Advogado, verdadeiro Deus de verdadeiro Deus, se você quer vencer o mundo. Como disse o apóstolo Paulo: "Nele, habita, corporalmente, toda a plenitude da Divindade" (Cl 2.9). Tudo que você necessita para sua luta contra os principados e potestades do mundo está em Cristo. Você é mais do que vencedor por meio dAquele que o amou tanto, que morreu em seu favor.

A fé obtém vitória sobre os poderes deste mundo porque nos capacita a buscar os recursos de Cristo. Se você quer que sua lâmpada funcione, tem de ligá-la a uma fonte poderosa. De modo semelhante, a fé nos liga aos recursos poderosos dAquele que venceu o mundo. Esses recursos incluem os méritos de Cristo, sua vida, seu Espírito, suas graças.

A fé em Cristo vence o mundo por nos reconciliar com Deus, mediante a cruz, e por nos libertar do reino de Satanás. Faz-nos sentir à vontade com Deus e seu reino, e não com o diabo e este mundo. A fé em Cristo nos dá novas afeições, por obra do Espírito Santo. Podemos dizer verdadeiramente, como o apóstolo Paulo: "Para mim, o viver é Cristo" (Fp 1.21). Crer somente em Cristo é tão simples e, ao mesmo tempo, tão difícil. Essa fé descansa completamente sobre a força do poder de Cristo. Não admiramos que Matthew Henry tenha dito: "De todas as graças, a fé é aquela que mais honra a Cristo; portanto, de todas as graças, aquela que Cristo mais honra é a fé".[3]

O apóstolo João disse que, se você é nascido de Deus, você crê no Filho de Deus. Você amará a Ele e ao seu povo; e vencerá o mundo. Ninguém, exceto Cristo, pode lhe dar esse poder. Você não o pode dar a si mesmo. A igreja não lhe pode dar esse poder. É um dom divino, que o capacita a dizer: "Quem mais tenho eu no céu? Não há outro em quem eu me compraza na terra" (Sl 73.25).

2. Purificando o coração por meio da centralidade em Cristo. 1 João 3.3 afirma que todo aquele que possui a esperança cristã de ser um filho de Deus "a si mesmo se purifica... assim como ele é puro". A fé é uma planta celestial que não florescerá em um solo impuro. A fé é transformadora. Uma pessoa feia que contempla um objeto bonito permanecerá feia, mas o crente que fixa sua fé em Cristo é transformado à imagem dEle. A fé que contempla um Cristo compassivo produz um coração compassivo. A fé que contempla um Cristo puro produz uma vida de pureza. A fé que contempla um Cristo afligido produz uma aflição santificada. E, de acordo com Richard Cecil: "Uma aflição santificada contribuirá para capacitar o crente a obter a vitória sobre o mundo, mais do que vinte anos de prosperidade e paz".

A fé que olha para Cristo compartilha das excelências morais dEle. Quando olhamos para Cristo, as concupiscências do mundo não têm mais domínio sobre nós. O mundanismo é expulso de nosso coração, sua fortaleza suprema.

Cristo venceu o pecado, Satanás e o inferno *por* nós. Contudo, Ele promete estar *em* nós para nos purificar. Esse é o segredo de vencer o mundo, pois, conforme João disse: "Maior é aquele que está em vós do que aquele que está no mundo" (1 Jo 4.4).

A fé nos capacita a ver o pecado como ele realmente é. Satanás procura tornar o pecado atraente. Infelizmente, somos inclinados a render-nos a essa armadilha. Perguntamos: "Qual é o perigo de ouvirmos música "cristã" contemporânea? Todos os outros fazem isso". Assim, vemos o pecado como uma iguaria gostosa à nossa língua. Isso não acontecerá, se colocarmos a fé em operação, pois ela vê o pecado como ele realmente é. "A fé vê por trás da cortina dos sensos e contempla o pecado antes de ele se vestir para subir ao palco", escreveu William Gurnall.[4] A fé vê a feiúra do pecado sem a sua camuflagem.

Sem dúvida, haverá ocasiões em que o mundo parece estar nos vencendo. Haverá ocasiões em que esqueceremos que temos conquistado nossa carne mundana por meio de Cristo, ocasiões em que falharemos em viver na liberdade que nos foi outorgada pela fé. Pense na Guerra Civil Americana, quando o edito de emancipação libertou todos os escravos. Muito tempo depois que a guerra havia acabado e conquistado a vitória sobre esse assunto, alguns homens livres continuavam a viver como escravos. Não podiam aceitar a vitória que era deles. Outros amavam seus senhores e decidiram servir-lhes voluntariamente como escravos.

Isso ocorre conosco, crentes. Fomos libertos da escravidão ao mundo, por meio de Cristo, mas podemos viver como pessoas livres somente se resistirmos às atrações do mundo. E a única maneira de fazer isso é dizermos ao mundo, pela fé: "Tudo que você me oferece é vaidade passageira. Pertenço ao Rei dos Reis, Àquele que triunfou. Ele me dá alegrias consistentes e prazeres duradouros. Ele me prendeu à sua presença e ao seu serviço, como um escravo voluntário".

Quando falhamos em viver de acordo com esse senso de vitória, precisamos ser relembrados das palavras do Salvador: "No mundo, passais por aflições; mas tende bom ânimo; eu venci o mundo" (Jo 16.33).

3. Vivendo de acordo com o que agrada a Deus. Pela fé, sentimos prazer no que agrada a Deus. Temos deleite no que deleita a Deus. E, à medida que nossa fé se torna mais forte, despreza o mundo cada vez mais, e, assim o faz por obedecer aos mandamentos de Deus. Como disse o apóstolo João: "Este é o amor de Deus: que guardemos os seus mandamentos... *porque* todo o que é nascido de Deus vence o mundo" (1 Jo 5.3-4).

O alvo dos mandamentos do mundo é obter riqueza, fama, posição social, poder secular e prazer humano. Jesus Cristo não almejou nada disso para ninguém. Ele venceu o mundo por obedecer aos mandamentos de Deus — amando a Deus acima de tudo e o seu próximo como a Si mesmo. Esse é o alvo de todos os que são nascidos de Deus. Eles anelam obedecer aos mandamentos de Deus. E, se guardarmos os mandamentos de Deus, venceremos o mundo.

Precisamos evitar dois extremos quando obedecemos aos mandamentos de Deus: o legalismo, que acrescenta aos mandamentos de Deus exigências criadas por homens, e o antinomianismo, que nega a autoridade da Lei como regra de vida para os crentes. Hoje, o nosso grande problema é o antinomianismo. Não seremos governados por Deus. Imaginamos que nossos próprios instintos são tão santificados, que podemos segui-los com segurança para onde nos levarem. Essa maneira de pensar pode nos levar à violenta correnteza de mundanismo. Logo que o crente cessa o seu empenho para guardar os mandamentos de Deus, ele se rende ao mundo e é levado pela correnteza. É vencido pelo mundo, em vez de vencê-lo em Cristo.

A fé como a de Davi e de Daniel considera a obediência aos mandamentos de Deus mais importante do que a própria vida. Essa foi a razão por que os apóstolos, os profetas e os mártires suportaram todo tipo de provação. Foram apedrejados, serrados ao meio e mortos à espada; porém, nenhuma dessas coisas roubou-lhes a fé. Pelo contrário, eles se alegraram com o fato de que foram considerados dignos de sofrer por Cristo.

Quando o agradar a Deus se torna mais importante do que o agradar às pessoas, o crente vence seu amor pela honra, riqueza, prazeres, entretenimento e amizades do mundo. A fé o prepara para a submissão ante às perdas, para a renúncia de si mesmo e para suportar aflições por amor a Cristo.

4. Vivendo em função do mundo invisível que nos aguarda.

A fé se recusa a chamar o mal de bem e o bem de mal. A fé destrói os encantos do mundo; ela vê o mundo como ele realmente é, de modo que o controle do mundo é rompido.

A fé também vê o destino final que está preparado para o mundanismo. Deus amaldiçoa o mundanismo. O apóstolo João nos fala: "Ora, o mundo passa, bem como a sua concupiscência; aquele, porém, que faz a vontade de Deus permanece eternamente" (1 Jo 2.17). Os melhores prazeres do mundo são momentâneos. O mundo é a nossa passagem, e não o nosso quinhão. Como nos diz Hebreus 9.27: "Aos homens está ordenado morrerem uma só vez, vindo, depois disto, o juízo" (Hb 9.27).

Um dia, este mundo será queimado totalmente, com aqueles que o cobiçam. O que restará quando houverem desaparecido todas as luxúrias pelas quais pessoas vendem a sua alma, arruínam a sua família e mancham a sua reputação? Nada, exceto poeira, cinzas e a ira de Deus. Como disse Spurgeon: "Se você ganhasse todo o mundo, não teria nada, depois que a tampa de seu caixão fosse lacrada, exceto a poeira do sepulcro em sua boca".

A fé percebe que o mundo é indigno de nossa atenção. Ela vê que o mundo nunca dá o que promete. O mundo é uma miragem gigante, uma fraude trágica, uma bolha vazia. "Abandonar a Cristo por causa do mundo é o mesmo que deixar um tesouro por uma bugiganga, a eternidade por um momento, a realidade pela sombra", escreveu William Jerkyn.[5]

Como afirmou John Trapp: "Prazer, ganho e promoção são a trindade do mundo".[6] Há muito tempo, Salomão descobriu que tudo é vaidade. Quando você ler Eclesiastes, entenderá por que John Bunyan chamava o mundo de Feira da Vaidade. Também compreenderá por que Tiago perguntou: "Infiéis, não compreendeis que a amizade do mundo é inimiga de Deus? Aquele, pois, que quiser ser amigo do mundo constitui-se inimigo de Deus" (Tg 4.4). William Gurnall resumiu bem este assunto: "A abelha não pousa em uma flor da qual não pode extrair néctar; e o crente deve agir de modo semelhante".[7]

A fé entende que há prazeres maiores que podem ser desfrutados por se abster do pecado, e não por satisfazê-lo. A fé valoriza as recompensas eternas que Cristo entesoura para nós no céu, mais do que todos os tesouros do mundo (Hb 11.25-26). Ao abster-se dos prazeres mundanos, o crente experimenta felicidade verdadeira, crendo que na presença de Deus há "plenitude de alegria" e "delícias perpetuamente" (Sl 16.11).

Capítulo 3

TORNANDO A VITÓRIA DURADOURA

Se vencermos o mundo, seremos completamente livres do mundo na era por vir. Aqui na terra, o céu está em nosso coração e em nossas afeições profundas, mas o mundo e o diabo estão nos nossos calcanhares. No entanto, somente a justiça habitará o novo céu e nova terra, por vir. Pela fé, cremos que Cristo foi preparar aquele mundo para nós e retornará para acabar com este mundo mau. Satanás e todos os seus seguidores serão banidos à eterna perdição. E o povo de Deus resplandecerá no firmamento da glória de Deus.

Pela fé, cremos que o melhor está por vir. Aguardamos um tempo em que seremos salvos para sempre de Satanás, do mundo e de nossa natureza. O pecado será deixado para trás; e o mal será extinto. Não haverá mais lágrimas, tristeza, dores, tentação ou morte. Adoraremos a Deus e O louvaremos, serviremos a Cristo e reinaremos com Ele, na comunhão dos santos e dos anjos. Consideraremos o céu um lugar perfeito, de mansões perfeitas, ouro perfeito, luz perfeita e deleite perfeito. Acima de tudo, estaremos em comunhão perfeita com o Deus trino, conhecendo-O, amando-O e louvando-O para sempre. Com certeza, "a nossa leve e momentânea tribulação produz para nós eterno peso de glória, acima de toda comparação" (2 Co 4.17).

Vencer o mundo pela fé durará para sempre. Essa é a razão por que o objeto de nossa fé é o Filho de Deus e o autor da fé é o Espírito de Cristo. A fonte de poder do crente não está nele mesmo, nem em sua fé, e sim no objeto dessa fé, Jesus, o Filho de Deus.

Cristo morreu para destruir os laços entre o crente e o mundo. De acordo com Gálatas 1.4, Cristo "se entregou a si mesmo pelos nossos pecados, para nos desarraigar deste mundo perverso, segundo a vontade de nosso Deus e Pai". Cristo não veio apenas para livrar seu povo da eterna condenação, embora isto seja tremendo; Ele veio para libertá-lo deste mundo perverso. Ele suportou bofetadas, vergonha, dores e rejeição, a fim de arrancar deste mundo ímpio aqueles que Ele chama seu povo e colocá-los no reino de Deus.

Em Gálatas 6.14, Paulo disse: "Longe esteja de mim gloriar-me, senão na cruz de nosso Senhor Jesus Cristo, pela qual o mundo está crucificado para mim, e eu, para o mundo". Paulo estava dizendo que a cruz de Jesus Cristo era tão poderosa que tornava o mundo completamente indesejável para ele. O mundo perdera o seu brilho para Paulo e se tornara completamente detestável por causa de Cristo e da glória futura.

Tudo isso nos ensina muito como crentes que vivem em um mundo que procura enredar-nos em seus prazeres. Há quatro lições que devemos aprender, se desejamos perseverar na vitória contra o mundo: (1) confiar na intercessão de Jesus; (2) usar todos os meios disponíveis; (3) voltar ao Senhor; (4) recordar a promessa divina de vitória.

CONFIAR EM NOSSO GRANDE SUMO SACERDOTE

Quando o poder do mundo ameaça invadir nossa alma, podemos nos confortar lembrando que nosso grande Sumo Sacerdote orou: "Não peço que os tires do mundo, e sim que os guardes do mal" (Jo 17.15). Quando nossas defesas estão fracas e ficamos mais vulneráveis a sujeitar-nos aos inimigos de nossa alma, podemos esperar livramento por meio da intercessão de Jesus Cristo e de seu Espírito. Podemos clamar: "Querido Salvador, se não fosse a tua intercessão, e o teu bendito Espírito, e a tua preservação na hora da tentação, teríamos sido mergulhados no mal".

USAR TODOS OS MEIOS PARA FORTALECER-NOS

Devemos ouvir sermões, saturar nossa alma com as Escrituras, ler bons livros que nos fazem sábios para a salvação e orar sem cessar. Precisamos ter comunhão com os irmãos em Cristo e guardar o Dia do Senhor; evangelizar os incrédulos e servir aos outros. Temos de ser bons mordomos de nosso tempo, lembrando sempre, como disse Thomas Manton: "Um crente carnal não é um crente, e sim uma carcaça de crente, [pois] se não matarmos o amor ao mundo, o mundo nos matará".

Quando Philip Henry, o pai de Matthew Henry, tinha 30 anos de idade, escreveu em seu diário: "Tão velho e mais velho do que Alexandre, quando conquistou o grande mundo; mas ainda não subjuguei o pequeno mundo *de meu próprio eu*".[1] Esta é a sua queixa? Você também se entristece por seus próprios erros?

Quando nos rendemos às tentações de Satanás, esse fracasso está arraigado em incredulidade. Geralmente, somos culpados de negligenciar o uso do escudo da fé e dos meios de graça, a fim de proteger-nos de nosso inimigo. Jesus perguntou aos seus discípulos: "Onde está a vossa fé?" Ele também nos pergunta, sempre que permitimos que os dardos inflamados penetrem nossa alma: "Por que você não crê, vigia e ora?"

Uma fé que não usa diligentemente os meios de Deus para o combate não é fé, de maneira alguma, visto que não nos muda a partir de nosso íntimo. Quando Deus e os outros não podem ver uma diferença em nossa vida, depois de havermos nos movido da incredulidade à fé, a nossa fé não é genuína. Acautelemo-nos de qualquer coisa que esteja alicerçada no sucesso mundano, teorias mundanas e métodos mundanos. Por exemplo, os crentes que confiam em Cristo devem resistir à idéia de buscarem a ajuda de terapeutas que tratam de problemas usando por base pontos de vista mundanos. Freqüentemente, os psicólogos defendem a confiança no "eu", e não a confiança em Deus.

Se J. C. Ryle escreveu, no século XIX: "O mundanismo é a praga peculiar do cristianismo, em nossa época", quanto mais deveríamos nós atentar a isso em nossos dias. Muitos dos que se dizem cristãos em nossos dias pensam e agem como o mundo. Talvez tenham boa moralidade, mas Cristo não é o foco de suas vidas. Sentem-se à vontade neste mundo e falham em ter um compromisso fervoroso com Cristo e sua Grande Comissão. Esquecem isto: quando o homem mundano pensa que venceu o mundo, o mundo já o venceu. Assim, ele não é mais sal e luz no mundo e demonstra claramente que, de maneira alguma, é nascido de novo.

VOLTAR AO SENHOR

Atentemos a estas palavras de Thomas Guthrie: "Se você percebe que ama qualquer deleite mais do que a oração, qualquer livro mais do que a Bíblia, qualquer casa mais do que a casa de Deus, qualquer ceia mais do que a Ceia do Senhor, qualquer pessoa mais do que a Cristo, qualquer satisfação mais do que a esperança do céu — fique alarmado!"[2] Amigo, se você se casa com o espírito desta época, ficará viúvo ou viúva na era vindoura. Não se vista para o mundo para vir em frente do espelho deste mundo. Lembre-se, arrependa-se, volte e pratique as primeiras obras (Ap 2.4-5).

Se você ainda não é nascido de Deus, invoque-O imediatamente, rogando-Lhe um novo coração. Se você não for nascido de novo, nunca vencerá o mundo; antes, irá ao inferno, com o restante do mundo. Converta-se dos seus pecados e peça a Cristo que o salve - que lhe dê a fé e o arrependimento e habite em você por meio do seu Espírito. Clame por fé em Cristo e sua morte expiatória, para que o mundo seja morto aos seus pés. "E não vos conformeis com este século, mas transformai-vos pela renovação da vossa mente, para que experimenteis qual seja a boa, agradável e perfeita vontade de Deus" (Rm 12.2).

RECORDAR AS PROMESSAS DIVINAS DE VITÓRIA

Assim como os crentes de outras gerações, nós também lutamos arduamente contra pecados que nos perseguem. Contudo, Deus nos promete a vitória! Considere os heróis da fé, mencionados em Hebreus 11. Eles creram em Deus, mesmo enfrentando as piores batalhas deste mundo. Vestiram "toda a armadura de Deus", especialmente "o escudo da fé" e "a espada do Espírito" (Ef 6.10-18). Devemos fazer o mesmo. "Sê fiel até à morte, e dar-te-ei a coroa da vida" — disse Jesus.

Considere também Martinho Lutero, João Calvino, William Carey, David Brainerd e uma hoste de crentes menos famosos. No grande Dia de Juízo, miríades de crentes confessarão, diante do trono do Cordeiro: "Combati o bom combate, completei a carreira, guardei a fé. Já agora a coroa da justiça me está guardada, a qual o Senhor, reto juiz, me dará naquele Dia; e não somente a mim, mas também a todos quantos amam a sua vinda" (2 Tm 4.7-8). Essas são palavras e as obras daqueles que venceram o mundo pela fé. Amém.

Parte 2

Vencendo o mundo por meio da piedade

A resposta de Calvino ao mundanismo

Capítulo 4

O QUE É PIEDADE?

As *Institutas*, escritas por João Calvino, fizeram-no receber o título de "o sistematizador preeminente da Reforma Protestante". Com freqüência, a reputação de Calvino como um intelectual é vista separadamente do contexto pastoral e espiritual em que ele escreveu sua teologia. Para Calvino, o entendimento teológico e a verdade, a piedade e a utilidade prática são inseparáveis. Antes de tudo, a teologia lida com o conhecimento — conhecimento de Deus e de nós mesmos; mas não há conhecimento verdadeiro, onde não há piedade verdadeira.

O conceito de piedade (*pietas*) ensinado por Calvino se fundamentava no conhecimento de Deus, incluindo atitudes e ações direcionadas à adoração e ao serviço de Deus. Além disso, a *pietas* de Calvino incluía uma hoste de temas relacionados, tais como o amor nos relacionamentos humanos e o respeito à imagem de Deus nos seres humanos. Essa piedade é evidente em pessoas que reconhecem, por meio da fé experiencial, que foram aceitas em Cristo e enxertadas no corpo dEle, pela graça de Deus. Nesta "união mística", o Senhor declara essas pessoas como pertencentes a Ele, tanto na vida como na morte. Elas se tornam povo de Deus e membros de Cristo pelo poder do Espírito Santo. Este relacionamento restauralhes o gozo da comunhão com Deus e recria-lhes uma nova vida. Liberta-as da escravidão ao mundanismo carnal.

O propósito dos capítulos 4 a 7 é mostrar que a piedade de Calvino é uma resposta suficiente ao problema do mundanismo; seu conceito de piedade é algo que conquista o nosso coração. A piedade de Calvino é bíblica, com uma ênfase no coração mais do que na mente. A mente e o coração devem trabalhar juntos, mas o coração é mais importante.[1] Depois de uma consideração introdutória na definição e objetivo da piedade, conforme o pensamento de Calvino (Capítulo 4), examinaremos como essa *pietas* afeta as dimensões teológica (Capítulo 5), eclesiológica (Capítulo 6) e prática (Capítulo 7) do pensamento de Calvino.

A DEFINIÇÃO E A IMPORTÂNCIA DA PIEDADE

Pietas é um dos grandes temas da teologia de Calvino. Como nos diz John T. McNeill, a teologia de Calvino é a "sua piedade descrita em profundidade".[2] Ele estava determinado a confinar a teologia aos limites da piedade.[3] No prefácio dirigido ao rei Francisco I, Calvino afirma que o propósito em escrever as *Institutas* era "transmitir unicamente certos rudimentos pelos quais aqueles que possuem zelo pelo cristianismo podem ser moldados na verdadeira piedade [*pietas*]".[4]

Para Calvino, *pietas* designa a atitude correta de um homem para com Deus. É uma atitude que inclui conhecimento verdadeiro, adoração sincera, fé salvadora, temor filial, submissão e amor reverentes.[5] Saber quem e como Deus é (teologia) envolve atitudes corretas para com Ele e fazer o que Ele deseja (piedade). Em seu primeiro catecismo, Calvino escreveu: "A verdadeira piedade consiste em um sentimento sincero que ama a Deus como Pai e O reverencia como Senhor; apropria-se de sua justiça e teme mais o ofendê-Lo do que o enfrentar a morte".[6] Nas *Institutas*, João Calvino é mais sucinto: "Chamo de piedade aquela reverência unida ao amor a Deus, o amor que é fruto do conhecimento de seus benefícios".[7] Esse amor e reverência para com Deus é um acompanhamento indispensável a qualquer conhecimento de Deus e abrange todos os aspectos da vida. Conforme afirmou Calvino: "Toda a vida dos crentes deve ser um tipo de prática da piedade".[8] O subtítulo da primeira edição das Institutas dizia: "Incluindo quase todo o resumo da piedade e qualquer coisa necessária para se conhecer a doutrina da salvação: Uma obra muito digna de ser lida por todos os zelosos por piedade".[9]

Os comentários de Calvino também refletem a importância de *pietas*. Por exemplo, ele escreveu sobre 1 Timóteo 4.7-8: "Você fará algo de grade valor se, com todo o seu zelo e habilidade, se dedicar unicamente à piedade [*pietas*]. A piedade é o começo, o meio e o fim do viver cristão. Onde ela é completa, não há falta de nada... A conclusão é que devemos concentrar-nos, exclusivamente, na piedade, pois, uma vez que a tenhamos atingido, Deus não exige de nós qualquer outra coisa".[10] Comentando 2 Pedro 1.3, Calvino disse: "Quando Pedro fez menção da vida, acrescentou imediatamente a piedade [*pietas*], como se esta fosse a essência da vida".[11]

O ALVO SUPREMO DA PIEDADE: SOLI DEO GLORIA

O alvo da piedade, bem como de toda a vida cristã, é a glória de Deus — a glória que resplandece nos atributos de Deus, na estrutura do mundo, na morte e na ressurreição de Jesus Cristo.[12] No que diz respeito a todos os que são verdadeiramente piedosos, o glorificar a Deus supera a salvação pessoal.[13] Por isso, Calvino escreveu ao cardeal Sadoleto: "Não é uma teologia bastante saudável confinar os pensamentos de um homem a ele mesmo e não apresentar-lhe, como motivo fundamental de sua existência, o zelo pela glória de Deus... Estou convencido: não existe nenhum homem que possua a piedade verdadeira e não considere como insípida aquela extensa e laboriosa exortação em favor do zelo pela vida celestial, um zelo que o mantém totalmente dedicado a si mesmo e que não o desperta, nem mesmo por uma única expressão, a santificar o nome de Deus".[14]

O alvo da piedade — que Deus seja glorificado em nós — é aquilo para o que fomos criados. Portanto, o nascido de novo anela por vivenciar o propósito de sua criação original.[15] De acordo com Calvino, o homem piedoso confessa: "Somos de Deus; vivamos e morramos para Ele. Somos de Deus; sejamos governados por sua sabedoria e vontade em todos os nossos atos. Somos de Deus; em harmonia com isso, devemos segui-Lo como nosso único objetivo lícito, em todo os aspectos de nossa vida".[16]

Deus redime, adota, santifica o seu povo, para que sua glória resplandeça neles e os liberte da busca pelo egoísmo ímpio.[17] O profundo interesse do homem piedoso é Deus mesmo e suas coisas — sua Palavra, sua autoridade, seu evangelho, sua verdade. O homem piedoso tem intenso desejo de conhecer mais a Deus e de ter mais comunhão com Ele como o seu único alvo.

Mas, como glorificamos a Deus? Calvino escreveu: "Deus nos prescreveu uma maneira pela qual Ele pode ser glorificado por nós, a saber, a piedade, que consiste na obediência à sua Palavra. Aquele que ultrapassa esses limites não está honrando a Deus; pelo contrário, está desonrando-O".[18] A obediência à Palavra de Deus significa refugiar-se em Cristo para o perdão de nossos pecados, conhecê-Lo por meio de sua Palavra, servi-Lo com um coração repleto de amor, praticar boas obras em gratidão por sua bondade e exercitar auto-renúncia, a ponto de amar os nossos inimigos.[19] Esta resposta envolve rendição total a Deus mesmo, à sua Palavra e à sua vontade.[20]

Calvino disse: "Ofereço-Te meu coração, Senhor, imediata e sinceramente". Esse é o desejo de todos os que são verdadeiramente piedosos. Contudo, esse desejo pode ser realizado apenas por meio da comunhão com Cristo e da participação nEle; pois, fora de Cristo, até a pessoa mais religiosa vive para si mesma. E apenas em Cristo os piedosos podem viver como servos voluntários, soldados leais de seu Comandante e filhos obedientes de seu Pai.[21]

Capítulo 5

Comunhão com Cristo

"A doutrina de Calvino referente à união com Cristo, se não é o ensino mais importante que inspira todo o seu pensamento e sua vida, é uma das características mais influentes de sua teologia e ética", escreveu David Willis-Watkins.[1]

A raiz profunda da piedade: a união mística

Calvino não tencionava apresentar teologia como se esta fosse uma doutrina única. Seus sermões, comentários e obras teológicas estão repletos da doutrina da união com Cristo, a ponto de que esta se torna o foco da fé e da prática cristã.[2] Calvino disse: "A união da Cabeça com os membros, a habitação de Cristo em nós — em resumo, a união mística — são tratadas por nós com o mais elevado grau de importância, de modo que Cristo, tornando-se nosso, nos faz, juntamente com Ele, participantes dos dons com os quais Ele foi dotado".[3]

Para Calvino, a piedade está arraigada na união mística (*unio mystica*) do crente com Cristo; assim, essa união tem de ser nosso ponto de partida.[4] Essa união se torna possível porque Cristo assumiu nossa natureza humana, enchendo-a com suas virtudes. A união com Cristo em sua humanidade é histórica, ética e pessoal, mas não essencial. Não há qualquer mistura grotesca de substâncias humanas entre Cristo e nós. No entanto, Calvino afirma: "Cristo não somente se une a nós por meio de um laço indivisível de comunhão, mas também cresce mais e mais em um corpo, conosco, por meio de uma comunhão maravilhosa, até que se torna completamente um conosco".[5] Essa união é um dos grandes mistérios do evangelho.[6] Por causa da fonte da perfeição de Cristo em nossa natureza, os piedosos podem extrair, pela fé, o que necessitarem para sua santificação. A carne de Cristo é a fonte da qual seu povo deriva sua vida e poder.[7]

Se Cristo tivesse morrido e ressuscitado, mas não houvesse aplicado sua salvação aos crentes, visando à regeneração e à santificação deles, a sua obra teria sido ineficaz. A piedade mostra que o Espírito de Cristo está realizando em nós aquilo que já foi realizado em Cristo. Cristo ministra sua santificação à igreja por meio de seu sacerdócio real, de modo que a igreja possa viver piedosamente para Ele.[8]

O pulso da teologia prática e da piedade de Calvino era a comunhão (*communio*) com Cristo. Isso envolve participação (*participatio*) nos benefícios de Cristo, que são inseparáveis da união com Ele.[9] Essa ênfase já se achava evidente na *Confessio Fidei de Eucharistia* (1537), assinada por Calvino, Martin Bucer e Wolfgang Capito.[10] Todavia, a comunhão com Cristo, para Calvino, não era moldada pela sua doutrina sobre a Ceia do Senhor. Pelo contrário, a sua ênfase na comunhão espiritual com Cristo ajudava-o a moldar o conceito a respeito desta ordenança.

De modo semelhante, os conceitos de *communio* e *participatio* ajudavam Calvino a moldar o seu entendimento quanto à regeneração, à fé, à justificação, à santificação, à segurança de salvação, à eleição e à igreja, visto que ele não podia falar sobre qualquer doutrina à parte da comunhão com Cristo. Esse é o âmago do sistema de teologia de Calvino.

O DUPLO VÍNCULO DA PIEDADE: O ESPÍRITO E A FÉ

A comunhão com Cristo se realiza tão-somente por meio da fé produzida pelo Espírito. É uma comunhão real, não porque os crentes participam da essência da natureza de Cristo, e sim porque o Espírito de Cristo une os crentes tão intimamente a Cristo, que eles se tornam carne de sua carne e osso de seus ossos. Do ponto de vista de Deus, o Espírito é o vínculo entre Cristo e os crentes. De nosso ponto de vista, a fé é o vínculo. Esses pontos de vista não se chocam, uma vez que uma das principais realizações do Espírito é produzir a fé em um pecador.[11]

Somente o Espírito pode unir Cristo, no céu, com o crente, na terra. Assim como na encarnação, o Espírito uniu o céu e a terra, assim também na regeneração o Espírito faz o eleito elevar-se da terra à comunhão com Cristo no céu, trazendo-O ao coração e à vida dos eleitos na terra.[12] A comunhão com Cristo é sempre o resultado da obra do Espírito — uma obra maravilhosa e experiencial, mas incompreensível.[13] O Espírito Santo é o vínculo que une o crente a Cristo, bem como o instrumento por meio do qual Cristo é comunicado ao crente.[14] Conforme Calvino disse a Pietro Martire: "Crescemos juntamente com Cristo em um corpo. Ele compartilha conosco o seu Espírito; e, por meio das operações invisíveis do Espírito, Cristo se torna nosso. Os crentes recebem essa comunhão com Cristo ao mesmo tempo em que recebem o seu chamado. No entanto, dia a dia, eles crescem mais e mais nesta comunhão, à proporção que Cristo cresce no íntimo deles".[15]

Calvino vai além de Lutero nesta ênfase sobre a comunhão com Cristo. Pois, ele enfatiza que, pelo Espírito, Cristo dá poder àqueles que estão unidos com Ele pela fé. Sendo "enxertados na morte de Cristo, derivamos dessa morte uma energia secreta, assim como o ramo extrai energia da raiz", escreveu Calvino. O crente "é energizado pelo poder íntimo de Cristo, de modo que podemos afirmar que Cristo vive e cresce nele, pois, assim como a alma dá vida ao corpo, assim também Cristo transmite vida aos seus membros".[16]

À semelhança de Lutero, Calvino acreditava que o conhecimento é fundamental à fé. Esse conhecimento inclui a Palavra de Deus, bem como a proclamação do evangelho.[17] Uma vez que a Palavra escrita é exemplificada na Palavra viva, Jesus Cristo, em quem se cumprem todas as promessas de Deus, a fé não pode ser separada de Cristo.[18] A obra do Espírito não suplementa nem substitui a revelação das Escrituras, e sim a confirma. "Retire a Palavra, e não permanecerá fé alguma", disse Calvino.[19]

A fé une o crente a Cristo por meio da Palavra, capacitando-o a receber Cristo, revelado no evangelho e oferecido graciosamente pelo Pai.[20] Pela fé, Deus também habita no crente. Conseqüentemente, Calvino disse: "Não devemos separar Cristo de nós mesmos ou nós mesmos de Cristo", e sim participarmos dEle pela fé, pois isso "nos desperta da morte e nos torna uma nova criatura".[21]

Pela fé, o crente possui a Cristo e cresce nEle. Além disso, o grau de sua fé, exercido mediante a Palavra, determina seu grau de comunhão com Cristo.[22] "Tudo o que a fé deve contemplar é-nos revelado em Cristo", Calvino escreveu.[23] Embora Cristo permaneça no céu, o crente que se distingue em piedade aprende, pela fé, a reter a Cristo tão firmemente, que Ele habita no íntimo desse crente.[24] Pela fé, os piedosos vivem por aquilo que acham em Cristo, e não pelo que acham em si mesmos.[25]

Para Calvino, a comunhão com Cristo flui da união com Cristo. Olhar para Cristo, a fim de obter segurança, significa ver a nós mesmos em Cristo. Como escreveu David Willis-Watkins: "A segurança de salvação é um conhecimento derivado, cujo foco permanece em Cristo unido ao seu corpo, a igreja, da qual somos membros".[26]

A DUPLA PURIFICAÇÃO DA PIEDADE: JUSTIFICAÇÃO E SANTIFICAÇÃO

De acordo com Calvino, os crentes recebem de Cristo, pela fé, a "graça dupla" da justificação e da santificação, que juntas proporcionam uma purificação dupla.[27] A justificação oferece pureza imputada, e a santificação, pureza atual.[28]

Calvino define a justificação como "a aceitação com a qual Deus nos recebe ao seu favor como homens justos".[29] Ele prossegue, afirmando: "Visto que Deus nos justifica por meio da intercessão de Cristo, Ele nos absolve pela imputação da justiça de Cristo, de modo que, não sendo justos em nós mesmos, somos reputados como justos em Cristo".[30] A justificação inclui a remissão dos pecados e o direto à vida eterna.

Calvino considerava a justificação como uma doutrina central da fé cristã. Ele a chamou de "a coluna principal que sustenta o cristianismo", o solo do qual se desenvolve a vida cristã e a substância da piedade.[31] A justificação não somente honra a Deus, por satisfazer as condições para a salvação, mas também oferece à consciência do crente "descanso pacífico e tranquilidade serena".[32] Conforme diz Romanos 5.1: "Justificados, pois, mediante a fé, temos paz com Deus por meio de nosso Senhor Jesus Cristo". Isto é o âmago e a vida da piedade. Visto que os crentes são justificados pela fé, eles não precisam se preocupar com sua posição diante de Deus. Podem renunciar voluntariamente a glória pessoal e aceitar, dia a dia, a sua vida como um dom procedente das mãos do Criador e Redentor. Algumas batalhas diárias podem ser perdidas para o inimigo, mas Jesus Cristo venceu a guerra para os crentes.

A santificação se refere ao processo pelo qual o crente é conformado, cada vez mais, a Cristo, em seu coração, comportamento e devoção a Deus. A santificação é um refazer contínuo do crente, por meio do Espírito Santo; é a permanente consagração do corpo e da alma a Deus.[33] Na santificação, o crente oferece-se a si mesmo como sacrifício a Deus. Isso não ocorre sem grandes lutas e progresso lento. Exige a limpeza da corrupção da carne e a renúncia do mundo.[34] Exige arrependimento, mortificação e conversão diária.

A justificação e a santificação são inseparáveis, disse Calvino. Separar uma da outra é o mesmo que despedaçar a Cristo[35] ou tentar separar a luz solar do calor que ela produz.[36] Os crentes são justificados para adorar a Deus em santidade de vida.[37]

Capítulo 6

A PIEDADE E A IGREJA

A *pietas* de Calvino não subsistia à parte das Escrituras ou da igreja. Pelo contrário, era fundamentada na Palavra e nutrida na igreja. Embora tenha rompido com o absolutismo da Igreja de Roma, Calvino tinha um elevado ponto de vista sobre a igreja. "Se não preferimos a igreja a todos os outros objetos de nosso interesse, somos indignos de ser contados como membros da igreja", ele escreveu.

Agostinho dissera: "Aquele que se recusa a ter a igreja como sua mãe não pode ter a Deus como seu Pai". Calvino acrescentou: "Não há outra maneira de entrarmos na vida, se esta mãe não nos conceber em seu ventre, der-nos à luz, alimentar-nos em seu seio e, por último, não nos manter sob os seus cuidados e orientação, até que, despidos desta carne mortal, nos tornemos como os anjos". À parte da igreja, há pouca esperança de perdão dos pecados ou salvação, Calvino escreveu. Sempre é desastroso deixar a igreja.[1]

Calvino ensinava que os crentes estão enxertados em Cristo e sua igreja, pois o crescimento espiritual ocorre na igreja. A igreja é a mãe, educadora e nutridora de todo crente, visto que o Espírito Santo age na igreja. Os crentes cultivam a piedade por meio do Espírito Santo mediante o ministério de ensino da igreja, progredindo da infância espiritual à adolescência e à maturidade em Cristo. Eles não se graduam na igreja enquanto não morrem.[2] Essa educação vitalícia é oferecida numa atmosfera de piedade genuína, uma atmosfera na qual os crentes cuidam uns dos outros em submissão à liderança de Cristo.[3] Essa educação encoraja o desenvolvimento dos dons e do amor uns dos outros, uma vez que somos "constrangidos a receber dos outros".[4]

O crescimento na piedade é impossível sem a igreja, porque a piedade é fomentada pela comunhão dos santos. Na igreja, os crentes "se unem uns aos outros na distribuição mútua dos dons".[5] Cada membro tem o seu próprio lugar e dons para serem usados no corpo.[6] Idealmente, todo o corpo usa esses dons em simetria e proporção, sempre reformando e desenvolvendo em direção à perfeição.[7]

A Piedade da Palavra

A Palavra de Deus é central ao desenvolvimento da piedade no crente. A piedade genuína é uma "piedade da Palavra". O modelo relacional de Calvino explica como.

A verdadeira religião é um diálogo entre Deus e o homem. A parte do diálogo que Deus inicia é a revelação. Nisso, Deus vem ao nosso encontro, fala conosco e se nos torna conhecido na pregação da Palavra. A outra parte do diálogo é a resposta do homem à revelação de Deus. Essa resposta, que inclui confiança, adoração e temor reverente, é o que Calvino chama de *pietas*. A pregação da Palavra nos salva e nos preserva, enquanto o Espírito nos capacita a apropriar-nos do sangue de Cristo e responder-Lhe com amor reverente. Por meio da pregação de homens dotados de poder pelo Espírito Santo, "a renovação dos santos se realiza, e o corpo de Cristo é edificado", disse Calvino.[8]

A pregação da Palavra é o nosso alimento espiritual e o remédio para nossa saúde espiritual. Com a bênção do Espírito, os pastores são médicos espirituais que aplicam a Palavra à nossa alma, assim como os médicos terrenos aplicam remédio ao nosso corpo. Com a Palavra, esses médicos espirituais diagnosticam, prescrevem remédios e curam doenças espirituais naqueles que estão contaminados pelo pecado e pela morte. A Palavra pregada é um instrumento para curar, limpar e tornar frutífera nossa alma propensa a enfermidades.[9] O Espírito, ou "o ministro interior", desenvolve a piedade usando o "ministro exterior" na pregação da Palavra. Conforme disse Calvino, o ministro exterior "proclama a palavra falada, e esta é recebida pelos ouvidos", mas o ministro interior "comunica verdadeiramente a coisa proclamada... que é Cristo".[10]

Para desenvolver a piedade, o Espírito usa não somente o evangelho para produzir fé no profundo da alma dos seus eleitos, como já vimos, mas também a lei. A lei promove a piedade de três maneiras:

1. A lei restringe o pecado e promove a justiça na igreja e na sociedade, impedindo que ambas cheguem ao caos.

2. A lei disciplina, educa, convence e nos move de nós mesmos para Jesus Cristo, o fim e o cumpridor da lei. A lei não pode nos levar a um conhecimento salvífico de Deus em Cristo. Pelo contrário, o Espírito Santo usa a lei como um espelho para nos mostrar nossa culpa, nos privar da esperança e trazer-nos ao arrependimento. Ela nos conduz à necessidade espiritual que gera a fé em Cristo. Esse uso convencedor da lei é essencial à piedade do crente, pois impede a manifestação da justiça própria, que é inclinada a se reafirmar até no mais piedoso dos santos.

3. A lei se torna a norma de vida para o crente. "Qual é a norma de vida que Deus nos outorgou?" Calvino pergunta no catecismo de Genebra. E responde: "A sua lei". Posteriormente, Calvino disse que a lei "mostra o alvo que devemos ter em vista, o objeti-

vo que devemos perseguir; e que cada um de nós, de acordo com a medida de graça recebida, pode se esforçar para estruturar sua vida em harmonia com a mais elevada retidão e, por meio de estudo constante, avançar cada vez mais, ininterruptamente.[11]

Calvino escreveu a respeito do terceiro uso da lei na primeira edição de suas *Institutas*: "Os crentes... se beneficiam da lei porque dela aprendem mais completamente, cada dia, qual é a vontade do Senhor... Isto é como se um servo, já preparado com total disposição de coração para se recomendar ao seu senhor, tivesse de descobrir e considerar os caminhos de seu senhor, para se conformar e se acomodar a estes. Além disso, embora sejam impulsionados pelo Espírito e mostrem-se dispostos a obedecer a Deus, os crentes ainda são fracos na carne e prefeririam servir ao pecado e não a Deus. Para a nossa carne, a lei é como uma chicotada em uma mula ociosa e obstinada, uma chicotada que a faz animar-se, levantar-se e dispor-se ao trabalho".[12]

Na última edição das *Institutas* (1559), Calvino é mais enfático a respeito de como os crentes se beneficiam da lei. Primeiramente, ele diz: "Este é o melhor instrumento para os crentes aprenderem mais completamente, a cada dia, a natureza da vontade do Senhor, a qual eles aspiram, e para confirmá-los no entendimento dessa vontade". Em segundo, a lei faz o servo de Deus, "por meio de meditação freqüente, ser despertado à obediência, ser fortalecido na lei e restaurado de um caminho de transgressão". Calvino conclui que os santos devem prosseguir desta maneira, "pois o que seria menos amável do que a lei, com importunações e ameaças, atribular as almas com temor e as afligir com pavor?"[13]

O ponto de vista que considera a lei primariamente como um guia que estimula o crente a apegar-se a Deus e a obedecer-Lhe ilustra outra instância em que Calvino difere de Lutero. Para Lutero, a lei é primariamente negativa. Está ligada ao pecado, à morte e ao diabo. O interesse predominante de Lutero é o segundo uso da lei, o uso convencedor — mesmo quando ele considerava o papel da lei na santificação. Por contraste, Calvino entendia a lei como uma expressão positiva da vontade de Deus. Como disse John Hesselink: "O ponto de vista de Calvino podia ser chamado de deuteronômico, porque ele entendia que o amor e a lei não são contrários, e sim correlatos".[14] Para Calvino, o crente segue a vontade de Deus, não motivado por obediência obrigatória, e sim por obediência agradecida. Sob a tutela do Espírito, a lei produz gratidão no crente; e esta conduz à obediência amorosa e à aversão ao pecado. Em outras palavras, para Lutero o propósito primordial da lei era ajudar o crente a reconhecer e confrontar o pecado. Para Calvino, o propósito primário da lei era levar o crente a servir a Deus motivado por amor.[15]

A PIEDADE NAS ORDENANÇAS

Calvino define as ordenanças como testemunhos "da graça divina para conosco, confirmada por um sinal exterior, com atestação mútua de nossa piedade para com Ele".[16] As ordenanças são "exercícios da piedade". As ordenanças fortalecem nossa fé, ajudando-nos a nos oferecermos como um sacrifício vivo a Deus.

Para Calvino, assim como para Agostinho, as ordenanças são a Palavra visível. A Palavra pregada nos alcança pelos ouvidos; a Palavra visível, pelos olhos. As ordenanças mostram o mesmo Cristo apresentado na Palavra pregada, comunicando-O de um modo diferente.

Nas ordenanças, Deus se acomoda à nossa fraqueza. Quando ouvimos a Palavra pregada indiscriminadamente, podemos indagar: isto é realmente para mim? Isto se aplica a mim? No entanto, nas ordenanças Deus nos atinge e toca de modo individual, dizendo: "Sim, é para *você*. A promessa se estende a *você*". Assim, as ordenanças ministram à nossa fraqueza, tornando pessoais as promessas, para aqueles que crêem em Cristo para a salvação.

Nas ordenanças, Deus vem ao seu povo, encoraja-o, capacita-o a conhecer a Cristo, edifica-o e o alimenta nEle mesmo. O batismo promove a piedade como um símbolo do fato de que os crentes estão enxertados em Cristo, são renovados pelo Espírito e adotados na família do Pai celestial.[17] De modo semelhante, a Ceia do Senhor mostra como esses filhos adotados são alimentados por seu Pai amoroso. Calvino gostava de referir-se à Ceia do Senhor como a nutrição para a alma. "Os sinais são o pão e o vinho que representam para nós o alimento invisível que recebemos da carne e do sangue de Cristo", ele disse. "Cristo é o único alimento de nossa alma; portanto, o Pai celestial nos convida a vir a Cristo, para que, renovados pelo partir dEle, obtenhamos forças, repetidas vezes, até que cheguemos à imortalidade celestial."[18]

Como crentes, precisamos constantemente de alimento. Nunca atingimos um ponto em que não precisamos mais ouvir a Palavra, orar ou ser nutridos pelas ordenanças. Temos de crescer e desenvolver permanentemente. Visto que continuamos a pecar, porque portamos uma natureza pecaminosa, temos necessidade constante de perdão e graça. Assim, a Ceia do Senhor, juntamente com a pregação da Palavra, nos diz vez após vez: precisamos de Cristo, precisamos ser renovados em Cristo, edificados nEle. As ordenanças prometem que Cristo está presente para receber-nos, abençoar-nos e renovar-nos.

Para Calvino, a palavra *conversão* não significava apenas o ato inicial de vir à fé; também significava renovação e crescimento diário no seguir a Cristo. As ordenanças nos guiam a esta conversão diária. Elas nos dizem que precisamos da graça de Cristo todos os dias. Temos de obter forças em Cristo, especialmente por meio do corpo sacrificado na cruz em nosso favor.

Calvino escreveu: "Visto que a eterna Palavra de Deus é a fonte da vida, a carne de Cristo é o canal que derrama sobre nós a vida que reside intrinsecamente em sua divindade. Na carne de Cristo foi realizada a redenção do homem; nela, foi oferecido um sacrifício para expiar o pecado, e uma obediência foi rendida a Deus, a fim de reconciliá-Lo conosco. A carne de Cristo estava cheia da santificação do Espírito Santo. Finalmente, tendo vencido a morte, Cristo foi recebido na glória celestial".[19] Em outras palavras, o Espírito santificou o corpo de Cristo, que Ele ofereceu na cruz como expiação pelo pecado. Aquele corpo foi ressuscitado dentre os mortos e recebido no céu. Em cada etapa de nossa redenção, o corpo de Cristo é o caminho para Deus. Na Ceia do Senhor, Cristo vem ao nosso encontro e diz: "Meu corpo ainda é dado em favor de vocês. Pela fé, vocês podem ter comunhão comigo e receber o meu corpo e todos os seus benefícios salvíficos".

Calvino ensinava que, na Ceia, Cristo não nos dá apenas os seus benefícios, Ele se dá a Si mesmo e os seus benefícios, assim como o faz na pregação da Palavra. Cristo também nos torna parte de seu corpo, quando se dá em nosso favor. Calvino não podia explicar com exatidão como isso acontece na Ceia do Senhor, pois isso é mais fácil de ser experimentado do que de ser explicado.[20] No entanto, Calvino não disse que Cristo deixa o céu para entrar no pão. Pelo contrário, na Ceia do Senhor somos chamados a elevar nosso coração ao céu, onde Cristo está, e a não nos prendermos ao pão e ao vinho externos.

Somos elevados ao céu mediante a obra do Espírito Santo em nosso coração. Conforme disse Calvino: "Cristo está ausente de nós no que se refere ao seu corpo; mas, habitando em nós por meio do seu Espírito, Ele nos eleva ao céu, ao encontro dEle mesmo, transmitindo-nos o poder vivificador de sua carne, assim como os raios de sol nos revigoram por meio de seu calor vital".[21] Participar da carne de Cristo é um ato espiritual, e não um ato carnal que envolve uma "transfusão de substâncias".²²

As ordenanças podem ser vistas como escadas pelas quais ascendemos ao céu. "Porque somos incapazes de voar suficientemente alto para nos aproximarmos de Deus, Ele nos ordenou as ordenanças, como escadas", disse Calvino. "Se um homem deseja pular até às alturas, quebrará seu pescoço na tentativa; mas, se ele tem escadas, será capaz de prosseguir com confiança. De modo semelhante, se temos de chegar ao nosso Deus, temos de usar os meios que Ele instituiu, visto que Ele sabe o que é adequado para nós. Deus nos deu esse maravilhoso amparo, encorajamento e vigor em nossa fraqueza."²³

Nunca devemos adorar o pão, porque Cristo não está *no* pão. Antes, encontramos a Cristo *por meio do* pão. Assim como nossa boca recebe o pão a fim alimentar nosso corpo físico, assim também a nossa alma recebe, pela fé, o corpo e o sangue de Cristo para alimentar nossa vida espiritual.

Quando temos comunhão com Cristo por meio das ordenanças, crescemos em graça. Essa é a razão por que as ordenanças são chamadas de meios de graça. As ordenanças nos estimulam em nosso progresso em direção ao céu. Promovem confiança nas promessas de Deus, por meio da morte redentora de Cristo, "significada e selada". Visto que as ordenanças são alianças, elas contêm promessas pelas quais "a consciência pode ser despertada à segurança de salvação", disse Calvino.²⁴ O Espírito capacita o crente a "ver" a Palavra gravada nas ordenanças e receber a "paz de consciência" que lhe é oferecida nas ordenanças.²⁵

Finalmente, as ordenanças promovem a piedade por nos motivarem a agradecer e louvar a Deus por sua graça abundante. As ordenanças também exigem que "confirmemos nossa piedade para com Ele". Como disse Calvino: "O Senhor traz à nossa memória a grande generosidade de sua bondade e nos inspira a reconhecê-la;

e, ao mesmo tempo, nos adverte a não sermos ingratos em relação a tão profusa liberalidade; antes, devemos proclamar com louvores adequados e celebrar [a Ceia do Senhor] dando-Lhe graças".[26]

Duas coisas acontecem na Ceia do Senhor: o receber de Cristo e o render-se do crente. Do ponto de vista de Deus, a Ceia não é eucarística — disse Calvino, pois Cristo não é oferecido novamente. Tampouco é eucarística em termos dos méritos do homem, pois não podemos oferecer nada a Deus como sacrifício. No entanto, a Ceia é eucarística em termos de nossas ações de graça.[27] Esse sacrifício é uma parte indispensável da Ceia do Senhor, que inclui "todos os deveres de amor".[28] A Ceia é uma festa *agapē* em que os comungantes animam uns aos outros e testemunham os laços que desfrutam com os outros crentes na unidade do corpo de Cristo.[29]

Oferecemos esse sacrifício de gratidão em resposta ao sacrifício de Cristo por nós. Rendemos nossa vida em resposta ao banquete celestial que Deus coloca diante de nós, na Ceia. Pela graça do Espírito, a Ceia do Senhor nos capacita, como um sacerdócio real, a nos oferecermos como um sacrifício vivo de louvor e gratidão a Deus.[30]

A Ceia do Senhor nos impulsiona tanto à piedade da graça como à da gratidão, como mostrou Brian Gerrish.[31] A liberalidade do Pai e a resposta de gratidão da parte de seus filhos são um tema recorrente na teologia de Calvino. "Devemos reverenciar grandemente esse Pai, com piedade grata e amor intenso", Calvino nos adverte, "a ponto de nos dedicarmos totalmente a obedecer-Lhe e a honrá-Lo em tudo".[32] A Ceia do Senhor é a dramatização litúrgica da graça e da gratidão, que estão no âmago da piedade.[33]

Na Ceia do Senhor, o elemento humano e o divino da piedade são mantidos em tensão dinâmica. Nesse intercâmbio dinâmico, Deus se move em direção ao crente, enquanto o Espírito Santo consuma a união fundamentada na Palavra. Ao mesmo tempo, o crente se move em direção a Deus, por contemplar o Salvador que o revigora e fortalece. Nisso, Deus é glorificado, e o crente, edificado.³⁴

A PIEDADE E O SALTÉRIO

Calvino considerava o Livro dos Salmos como o manual canônico da piedade. No prefácio de seu comentário de cinco volumes sobre o Livro dos Salmos (sua mais ampla exposição de um livro da Bíblia), Calvino escreveu: "Não há qualquer outro livro no qual somos mais perfeitamente ensinados a respeito da maneira correta de adorar a Deus ou no qual somos mais poderosamente estimulados à realização deste exercício da piedade".³⁵ A preocupação de Calvino com o Livro de Salmos era motivada por sua crença de que os Salmos ensinam e inspiram a piedade genuína, de várias maneiras:

- Sendo uma revelação de Deus, os Salmos nos ensinam a respeito de Deus. Visto que eles são teológicos e ortodoxos, são o nosso credo cantado.³⁶
- Os Salmos ensinam com clareza que necessitamos de Deus. Eles nos dizem o que somos e por que necessitamos da ajuda de Deus.³⁷
- Os Salmos nos oferecem o remédio divino para nossas necessidades. Eles nos apresentam Cristo, em sua pessoa, ofícios, sofrimentos, morte, ressurreição e ascensão. Anunciam o caminho da salvação, proclamando a bem-aventurança da justificação pela fé somente e a necessidade de santificação pelo Espírito, juntamente com a Palavra.³⁸
- Os Salmos demonstram a admirável bondade de Deus e nos convidam a meditar em sua graça e misericórdia. Eles nos levam a arrepender-nos e a temer a Deus, a confiar em sua Palavra e a esperar em sua misericórdia.

- Os Salmos nos ensinam a buscar ao Deus da salvação, por meio da oração, e nos mostram como apresentar-Lhe os nossos pedidos.[39] Eles nos mostram como orar com confiança em meio às adversidades.[40]
- Os Salmos nos mostram a profundeza da comunhão que podemos desfrutar com nosso Deus, que cumpre suas alianças. Eles nos mostram como a igreja é a noiva, o povo e o rebanho de Deus (Sl 100.3).
- Os Salmos são um instrumento para a adoração coletiva. Muitos salmos usam pronomes da primeira pessoa do plural (nós, nosso), indicando esse aspecto coletivo. Até os salmos que usam pronome singular da primeira pessoa incluem todos aqueles que amam o Senhor e estão comprometidos com Ele. Os Salmos nos impelem a confiar em Deus, a louvá-Lo e a amar o nosso próximo.
- Os Salmos estimulam a confiança nas promessas de Deus, o zelo por Deus, bem como por sua casa, e a compaixão para com os que sofrem.
- Os Salmos abrangem todo o espectro de experiências espirituais, incluindo a fé e a incredulidade, alegria em Deus e tristeza por causa do pecado, a presença de Deus e o seu abandono. Como disse Calvino, existe uma "anatomia de todas as partes da alma".[41] "Vemos nossas próprias afeições e males espirituais nas palavras dos salmistas. Quando lemos sobre as experiências deles, somos levados à fé e a examinar a nós mesmos, pela graça do Espírito. Os salmos de Davi, em especial, são como um espelho no qual somos levados a louvar a Deus e a encontrar descanso em seus propósitos soberanos."[42]

Calvino imergiu no Livro de Salmos durante 25 anos, como um comentador, pregador, erudito bíblico e líder de adoração.[43] Bem cedo ele começou a trabalhar nas versões métricas dos salmos que seriam usadas na adoração pública. Em 16 de janeiro de 1537, logo depois de sua chegada a Genebra, Calvino pediu ao seu conselho que introduzisse o canto dos salmos na adoração por parte da igreja. Ele recrutou os talentos de outros homens, tais como Clement Marot, Louis Bourgeois e Theodoro Beza, para produzirem o Saltério de Genebra. Essa obra levou 25 anos para ser concluída. A primeira coleção (1539) continha 18 salmos, seis dos quais Calvino pôs em versos. Os demais foram compostos pelo poeta francês Marot. Uma versão expandida, contendo 35 salmos foi a próxima (1542), seguida por outra versão que continha 45 salmos (1543). Calvino escreveu o prefácio dessas duas versões, recomendando o canto congregacional. Depois da morte de Marot (1544), Calvino encorajou Beza a colocar em versos o restante dos salmos. Em 1562, dois anos antes da morte de Calvino, ele se alegrou em ver a primeira edição completa do Saltério de Genebra.[44]

O Saltério de Genebra contém uma notável coleção de 125 melodias, escritas especialmente para os salmos, por músicos proeminentes, dos quais Louis Bourgeois é o mais bem conhecido. As melodias são agradáveis, distintas e reverentes.[45] Expressam com clareza a convicção de Calvino de que a piedade é mais bem promovida quando a prioridade é dada ao texto, e não à melodia, reconhecendo que os salmos mereciam a sua própria música. Visto que a música ajuda na recepção da Palavra de Deus, Calvino disse que a música deveria ser "relevante, digna, majestosa e modesta" — atitudes convenientes para uma criatura pecaminosa na presença de Deus.[46] Isso protege a soberania de Deus na adoração e oferece a conformidade adequada entre a disposição íntima do crente e sua confissão exterior.

Cantar salmos é um dos quatro principais atos da adoração da igreja, acreditava Calvino. É uma extensão da oração. Também é a contribuição vocal mais significativa das pessoas que prestam culto. Os salmos eram cantados nos cultos de domingo de manhã e à noite. Começando em 1546, uma escala impressa indicava quais salmos seriam cantados em cada ocasião. Eram designados para cada culto de acordo com os textos que seriam pregados. Por volta de 1562, três salmos eram cantados em cada culto.⁴⁷

Calvino acreditava que o canto corporativo subjugava o coração e restringia as afeições instáveis no caminho da piedade. À semelhança das ordenanças e da pregação, o canto de salmos disciplina as afeições do coração na escola da fé e eleva o crente até Deus. O canto de salmos amplifica o efeito da Palavra sobre o coração e multiplica o vigor espiritual da igreja. "Os salmos podem estimular-nos a erguer o nosso coração a Deus e suscitar em nós fervor em invocá-Lo, bem como em exaltar com louvores a glória de seu nome", escreveu Calvino.⁴⁸ Com a direção do Espírito, o canto de salmos ajusta o coração dos crentes à glória.

Durante séculos, o Saltério de Genebra era uma parte integral da adoração calvinista. Estabeleceu o padrão para os livros posteriores de cânticos de salmos na França, Inglaterra, Holanda, Alemanha e Hungria. Como um livro devocional, o Saltério de Genebra aquecia o coração de milhares de pessoas, e aqueles que cantavam entendiam que seu poder não estava no livro em si mesmo ou em suas palavras, mas no Espírito, que incutia as palavras no coração delas.

O Saltério de Genebra promovia a piedade, estimulando uma espiritualidade da Palavra, uma espiritualidade que era corporativa e litúrgica e destruía a distinção entre liturgia e vida. Os calvinistas cantavam livremente os salmos não somente em suas igrejas, mas também nos lares, nos locais de trabalho, nas ruas e nos campos.⁴⁹ O canto dos salmos se tornou um "instrumento de auto-identificação dos Huguenotes".⁵⁰ Este exercício piedoso se tornou um emblema cultural. Em resumo, como escreveu T. Hartley Hall: "Em versões escriturísticas ou métricas, os salmos, juntamente com as melodias nas quais eles foram inicialmente colocados, são o coração e a alma da piedade reformada".⁵¹

Capítulo 7

A PIEDADE E O CRENTE

Embora Calvino visse a igreja como o berçário da piedade, ele também enfatizava a necessidade de piedade pessoal. O crente se esforça para ser piedoso porque ele ama a retidão, anela viver para a glória de Deus e se deleita em obedecer à norma de retidão de Deus estabelecida nas Escrituras.[1] Deus mesmo é o foco da vida cristã[2] — uma vida que se realiza essencialmente em auto-renúncia e que é expressa de modo especial no carregar a cruz, à semelhança do que fez o Senhor Jesus Cristo.[3]

Para Calvino, a piedade "é o começo, o meio e o fim do viver cristão".[4] Essa piedade envolve inúmeras dimensões práticas para o viver cristão, as quais estão explicadas amplamente nas *Institutas*, nos comentários, nos sermões, nas cartas e nos tratados de Calvino. Apresentamos em seguida o que ele disse sobre a oração, o arrependimento e a obediência, bem como sobre o viver cristão piedoso, nos capítulos 6 a 10 do livro 3 de suas Institutas, de 1559.[5]

Oração

A oração é o exercício primordial e perpétuo da fé e o principal elemento da piedade.[6] A oração mostra a graça de Deus ao pecador, mesmo quando o crente oferece louvores a Deus e clama por sua fidelidade. A oração demonstra e corrobora a piedade, tanto pessoal como corporativamente.⁷

Calvino dedicou à oração o segundo mais extenso capítulo das Institutas (3:20). De acordo com ele, há seis propósitos para a oração: (1) buscar a Deus em favor de cada necessidade; (2) apresentar-Lhe todas as nossas petições; (3) preparar-nos para receber os benefícios de Deus com gratidão humilde; (4) meditar sobre a bondade de Deus; (5) inspirar o espírito correto de deleite por causa das resposta de Deus à oração e (6) confirmar sua providência.⁸

Dois problemas talvez surgirão nesta doutrina da oração defendida por Calvino. Primeiro, quando o crente se submete com obediência à vontade de Deus, ele não renuncia necessariamente a sua própria vontade. Antes, por meio de oração submissa, o crente roga que a providência de Deus opere em seu favor. Assim, a vontade do homem, sob a orientação do Espírito, e a vontade de Deus operam juntas, em comunhão.

Segundo, à objeção de que a oração parece supérflua à luz da onisciência e onipotência de Deus, Calvino respondeu que Deus ordenou a oração tendo em vista não a Si mesmo, mas ao homem, para que este se exercitasse na piedade. A Providência deve ser entendida no sentido de que Deus ordenou os meios juntamente com os fins. A oração é um meio para obter o que Deus planejou outorgar.⁹ A oração é uma maneira pela qual o crente busca e recebe o que Deus determinou fazer por ele, desde a eternidade.¹⁰

Calvino trata a oração como uma certeza e não como um problema. A oração correta é governada por regras. Estas incluem orar com:

- Um profundo senso de reverência.
- Um senso de necessidade e arrependimento.

- Uma entrega de toda a confiança em si mesmo e um humilde pedido de perdão.
- Uma esperança confiante.

Todas essas quaro regras são quebradas freqüentemente até pelos mais santos dos filhos de Deus. Contudo, por amor a Cristo, Deus não abandona o piedoso, mas, pelo contrário, demonstra-lhe misericórdia.[11]

Apesar dos fracassos dos crentes, a oração é exigida para que haja desenvolvimento da piedade, uma vez que a oração diminui o amor próprio e multiplica a nossa dependência de Deus. Sendo um exercício da piedade, a oração une Deus e o homem — não em substância, e sim em vontade e propósito. Assim como a Ceia do Senhor, a oração eleva o crente até Cristo e presta a glória devida a Deus. Essa glória é o propósito das três primeiras petições da oração do Pai Nosso, bem como de outras petições que dizem respeito à sua criação. Visto que a criação contempla a glória de Deus, para a sua própria preservação, toda a oração do Pai Nosso se dirige à gloria de Deus.[12]

Na oração do Pai Nosso, Cristo "provê palavras aos nossos lábios".[13] Essa oração nos mostra como nossas orações podem ser controladas, formadas e inspiradas pela Palavra de Deus. Isso só pode resultar em ousadia santa na oração, "que se harmoniza corretamente com temor, reverência e solicitude".[14]

Temos de ser disciplinados e firmes quanto à oração, visto que ela nos mantém em comunhão com Cristo. Na oração, somos assegurados da intercessão de Cristo, sem a qual nossas orações seriam rejeitadas.[15] Somente Cristo pode transformar o trono de terrível glória de Deus em um trono de graça, do qual podemos nos aproximar em oração.[16] A oração é o canal entre Deus e o homem. É a meio pelo qual o crente expressa seu louvor e sua adoração a Deus, rogando a ajuda de Deus em piedade submissa.[17]

Arrependimento

O arrependimento é fruto da fé e da oração. Lutero disse, em suas noventa e cinco teses, que toda a vida cristã deveria ser marcada por arrependimento. Calvino também via o arrependimento como um processo que durava toda a vida. O arrependimento não é apenas o começo da vida cristã; *é* a vida cristã. O arrependimento envolve confissão de pecado e crescimento em santidade. O arrependimento é a resposta vitalícia do crente ao evangelho, em sua vida interior, coração, mente, atitude e vontade.[18]

O arrependimento começa com o voltar-se para Deus, de coração, e procede de um temor puro e sincero a Deus. Envolve o morrer para o "eu" e o pecado (mortificação) e o achegar-se vivificado à justiça (vivificação) em Cristo.[19] Calvino não limitava o arrependimento à graça interior, mas considerava-o o redirecionamento do ser de todo o homem, em busca da justiça. Sem um temor puro e sincero a Deus, um homem não pode conscientizar-se do horror de seu pecado nem morrer para o pecado. A mortificação é essencial porque, embora o pecado deixe de reinar no crente, não cessa de habitar nele. Romanos 7.14-25 mostra que a mortificação é um processo vitalício. Com a ajuda do Espírito, o crente tem de matar o pecado todos os dias, por meio da auto-renúncia, do carregar a cruz e da meditação na vida futura.

O arrependimento é, portanto, caracterizado por novidade de vida. A mortificação é o meio de vivificação que Calvino definiu como "o desejo de viver de maneira santa e dedicada, um desejo que resulta do novo nascimento; como se disséssemos que um homem morre para si mesmo, a fim de viver para Deus".[20] A verdadeira auto-renúncia resulta de uma vida dedicada à justiça e à misericórdia. Os piedosos "cessam de fazer o mal" e "aprendem a fazer o bem". Por meio do arrependimento, eles se prostram em terra diante de seu Juiz santo e são levantados a fim de participar da vida, morte, justiça e intercessão de seu Salvador. Como escreveu Calvino: "Se participamos verdadeiramente da morte de Cristo, nosso velho homem é crucificado pelo seu poder, e o corpo do pecado é destruído (Rm 6.6), para que a corrupção da natureza original não floresça mais. Se participamos de sua ressurreição, por meio dela somos trazidos à novidade de vida, a fim de correspondermos com a retidão de Deus".[21]

As palavras que Calvino usa para descrever a vida cristã piedosa (*reparatio, regeneratio, reformatio, renovatio, restitutio*) nos remetem ao nosso estado original de retidão. Indicam que uma vida de *pietas* é restauradora em sua natureza. Por meio do arrependimento produzido pelo Espírito Santo, os crentes são restaurados à imagem de Deus.[22]

AUTO-RENÚNCIA

Auto-renúncia é a dimensão sacrificial da *pietas*. Temos visto que a piedade está arraigada na união do crente com Cristo. O fruto dessa união é auto-renúncia, que inclui o seguinte:

- A compreensão de que não somos mais de nós mesmos e de que pertencemos a Cristo. Vivemos e morremos para Ele, de acordo com a norma de sua palavra. Portanto, a auto-renúncia não é centralizada no próprio indivíduo, como era freqüente no monasticismo medieval. A auto-renúncia é centralizada em Deus.[23] Nosso grande inimigo não é Satanás, nem o mundo, e sim nós mesmos.

- O desejo de buscar as coisas de Deus em toda a nossa vida. A auto-renúncia não deixa lugar para o orgulho, a lascívia e o mundanismo. É o oposto do amor próprio, pois é amor a Deus.[24] Toda a orientação de nossa vida tem de ser direcionada para Deus.

- O compromisso de rendermos a Deus, como um sacrifício vivo, tudo o que somos e possuímos. Assim, somos preparados para amar os outros e considerá-los melhores do que nós mesmos — não porque os vemos como eles são em si mesmos, e sim porque vemos a imagem de Deus neles. Isso remove nosso amor por contendas e o substitui por um espírito de cordialidade e utilidade.[25] Portanto, o nosso amor pelos outros flui do coração, e nosso limite em ajudá-los é o limite de nossos recursos.[26]

Os crentes são encorajados a perseverar em auto-renúncia pelas promessas do evangelho concernentes à consumação futura do reino de Deus. Essas promessas nos ajudam a vencer cada obstáculo que se opõe à auto-renúncia e nos auxiliam a suportar a adversidade.[27]

Além disso, a auto-renúncia nos ajuda a encontrar a verdadeira felicidade, porque nos auxilia a fazer aquilo para o que fomos criados. Fomos criados para amar a Deus acima de todas as coisas e o nosso próximo como a nós mesmos. Restaurar esse princípio resulta em nossa felicidade. Como disse Calvino, sem auto-renúncia podemos possuir tudo e não possuir uma partícula sequer da verdadeira felicidade.

CARREGAR A CRUZ

Enquanto a auto-renúncia se focaliza em nossa conformidade interior com Cristo, o carregar a cruz se centraliza em nossa semelhança exterior com Cristo. Aqueles que estão em comunhão com Cristo têm de se preparar para uma vida árdua, laboriosa e repleta de vários tipos de males. A razão para isso não é apenas o efeito do pecado neste mundo caído, mas também a união do crente com Cristo. Visto que a vida de Cristo foi uma cruz perene, a nossa vida também deve incluir sofrimento.[28] Por meio disso, participamos dos benefícios de sua obra expiatória na cruz e experimentamos a obra do Espírito em transformar-nos à imagem de Cristo.[29]

O carregar a cruz prova a piedade. Por meio do carregar a cruz somos estimulados à esperança, treinados em paciência, instruídos na obediência e disciplinados por nosso orgulho. O carregar a cruz é o nosso remédio e a nossa disciplina. Somos esclarecidos quanto à fragilidade de nossa carne e ensinados a sofrer por amor a justiça.[30]

Felizmente, Deus promete estar conosco em nossos sofrimentos. Ele até transforma em conforto e bênção o sofrimento associado à perseguição.[31]

MEDITAÇÃO NA VIDA FUTURA

Por meio do carregar a cruz, aprendemos a ter menosprezo pela vida presente, quando comparada com as bênçãos do céu. Esta vida não é nada, em comparação com a vida por vir. Esta vida é como fumaça ou uma sombra. "Se o céu é a nossa terra natal, o que mais é a terra, senão o nosso lugar de exílio? Se o partir deste mundo é a entrada na vida, o que mais é este mundo, senão o sepulcro?", perguntou Calvino.[32] "Aquele que não espera com gozo o dia da morte e o da ressurreição final, não progride na escola de Cristo."[33]

Calvino costumava usar o *complexio oppositorum* quando explicava a relação do crente com este mundo. Em outras palavras, Calvino apresentava os opostos para encontrar um ponto intermediário entre eles. Assim, por um lado, por meio do carregar a cruz somos crucificados para o mundo, e o mundo, para nós. Por outro lado, o cristão piedoso desfruta da vida presente, embora o faça com restrições e moderação, pois ele é ensinado a usar as coisas deste mundo para cumprir os propósitos tencionados por Deus. Calvino não era um asceta; ele tinha prazer em boa literatura, bons alimentos e nas belezas da criação. Mas rejeitava todas as formas de excesso terreno. O cristão é chamado a exercer moderação semelhante à de

Cristo; e isso inclui modéstia, prudência, ausência de ostentação e contentamento com o nosso quinhão.³⁴ É a esperança da vida futura que dá propósito e gozo à nossa vida presente. Esta vida está sempre correndo em direção a uma vida melhor, celestial.³⁵

Então, como é possível a um crente verdadeiramente piedoso manter um equilíbrio apropriado, desfrutando os dons que Deus lhe dá neste mundo, enquanto evita as armadilhas da indulgência excessiva? Calvino nos oferece quatro princípios norteadores:

1. Reconheçamos que Deus é o doador de todo dom perfeito e bom. Isso deve restringir nossas concupiscências, porque a nossa gratidão a Deus não pode ser expressa por meio de uma recepção cobiçosa desses dons.

2. Entendamos que, se temos poucos bens, temos de viver pacientemente nossa pobreza, para que não sejamos enredados por desejos imoderados.

3. Lembremos que somos mordomos do mundo em que Deus nos colocou. Em breve teremos de prestar contas de nossa mordomia.

4. Saibamos que Deus nos chamou para Si mesmo e para seu serviço. Por causa dessa chamada, esforçamo-nos para cumprir nossas tarefas no serviço dEle, para a sua glória, sob a luz de seu olhar benevolente e atento.

OBEDIÊNCIA

Para Calvino, a obediência incondicional à vontade de Deus é a essência da piedade. A piedade une o amor, a liberdade e a disciplina, por sujeitá-los, todos, à vontade e à Palavra de Deus.³⁷ O amor é o princípio dominante que impede a piedade de tornar-se legalismo. Ao mesmo tempo, a lei provê o conteúdo para o amor.

A piedade inclui regras que governam a reação do crente. No aspecto pessoal, essas regras podem assumir a forma de auto-renúncia e carregar a cruz; no aspecto público, elas podem ser expressas no exercício da disciplina eclesiástica, que Calvino implementou em Genebra. Em ambos os aspectos, a glória de Deus motiva a obediência disciplinada. Para Calvino, o cristão piedoso não é passivo, e sim dinamicamente ativo em perseguir a obediência (como um velocista de longa distância, um erudito diligente ou um guerreiro heróico), submetendo-se à vontade de Deus.[38]

No prefácio de seu comentário dos Salmos, Calvino escreveu: "Eis a verdadeira prova da obediência: dando adeus às nossas afeições, nos sujeitamos a Deus e permitimos que nossa vida seja tão governada pela vontade dEle, que as coisas mais desagradáveis e árduas para nós — porque vêm dEle — se tornam agradáveis para nós".[39] "Doce obediência", Calvino apreciava esse tipo de descrição. De acordo com John Hesselink, Calvino usou palavras como *doce*, *doçura e docemente* centenas de vezes, nas suas *Institutas*, comentários, sermões e tratados, para descrever a vida de piedade. Calvino escreveu sobre a doçura da lei, a doçura de Cristo, a doçura da consolação, a doçura da oração, a doçura da Ceia do Senhor, a doçura da oferta gratuita da vida eterna por parte de Deus e a doçura da glória eterna.[40]

Ele também escreveu sobre a doçura do fruto da eleição, dizendo que este mundo e todas as suas glórias desaparecerão. O que nos dá segurança de salvação nesta vida e esperança para a vida futura é que fomos eleitos em Cristo, "antes da fundação do mundo" (Ef 1.4).[41] "Nunca seremos claramente persuadidos... de que nossa salvação flui da fonte da soberana misericórdia de Deus, se não chegarmos a conhecer o doce fruto da eterna eleição de Deus".[42]

Calvino, um exemplo de piedade

Calvino se esforçava para viver uma vida de *pietas* — na teologia, na igreja e na prática. No final de sua obra *A Vida de João Calvino*, Theodoro de Beza escreveu: "Tendo presenciado a sua conduta por dezesseis anos... posso agora declarar que nele todos os homens veriam um mais belo exemplo do caráter de Cristo, um exemplo que é fácil de ser caluniado e difícil de ser imitado".[43]

Calvino mostrou-nos a piedade de um fervoroso teólogo reformado que falava de coração. Havendo provado a bondade e a graça de Deus, em Jesus Cristo, Calvino seguia a piedade, procurando conhecer e fazer a vontade de Deus todos os dias. Ele tinha comunhão com Cristo, praticava o arrependimento, a auto-renúncia, o carregar a cruz; estava envolvido em grandes aprimoramentos sociais.[44] Sua teologia resultava em piedade sincera, centralizada em Cristo.[45]

Para Calvino e os reformadores da Europa do século XVI, a doutrina e a oração, bem como a fé a adoração, estão integralmente conectadas. Para Calvino, a Reforma incluía a reforma da piedade [*pietas*], ou da espiritualidade, assim como a reforma da teologia. A espiritualidade que ficara enclausurada nos monastérios fora destruída. A espiritualidade medieval estava reduzida à devoção celibatária, asceta e penitencial, nos conventos ou monastérios. Calvino ajudou os cristãos a entenderem que os piedosos vivem *coram Deo*, "na presença de Deus", de coração e na vida diária. A piedade é, portanto, voluntária e livre, motivada pelo deleite em Deus. Os piedosos viverão e agirão espontaneamente de acordo com a vontade de Deus, cada dia (Rm 12.1-2), em meio à sociedade humana. Pela influência de Calvino, a espiritualidade reformada focalizou-se na maneira como vivemos a vida cristã, no lar, nos campos, no trabalho e no mercado.[46] Calvino ajudou a Reforma a mudar todo o foco da vida cristã.

O ensino, a pregação e o discipulado de Calvino favoreciam o crescimento nas relações entre os crentes e Deus. Piedade significa experimentar a santificação como uma obra divina de renovação, expressa em arrependimento e justiça, que progridem por meio de conflitos e adversidades, à semelhança de Cristo. Na piedade, a oração e a adoração são centrais, tanto em particular como na comunidade de crentes.

A adoração a Deus é sempre primária, pois o relacionamento de alguém com Deus é prioritário em relação a todos as outras coisas. Mas essa adoração é expressa na maneira como o crente vive sua vocação e como ele trata o seu próximo, pois o relacionamento de alguém com Deus é visto de modo mais concreto na transformação de cada relacionamento humano. A fé e a oração, visto que transformam todo crente, não podem ser ocultadas. Em última instância, devem transformar a igreja, a comunidade e o mundo. O mundanismo tem de render-se ao todo-envolvente poder da piedade voluntária e livre, que produz honra a Deus, de coração, porque Deus se deleita em ser honrado e é digno disso. Pela graça, a resposta de Calvino ao mundanismo é bem-sucedida, pois o amor reverente ao Deus trino (piedade) é superior ao amor carnal do mundo (impiedade).

Parte 3

Vencendo o mundo por meio da santidade

Capítulo 8

A CHAMADA AO CULTIVO DA SANTIDADE

O agricultor piedoso que ara a sua terra, planta a semente, fertiliza-a e cultiva-a está bastante ciente de que, em última análise, depende totalmente de forças exteriores a si mesmo, para que tenha colheita garantida. Ele sabe que não pode fazer a semente crescer, a chuva cair ou o sol brilhar. Apesar disso, ele cumpre sua tarefa com diligência, olhando para Deus, a fim de que Ele o abençoe, e reconhecendo que, se Ele não fertilizar e cultivar sua semente, a colheita será escassa.

De modo semelhante, a vida cristã é como um jardim que tem de ser cultivado, a fim de produzir os frutos do viver santo para Deus. "A teologia é a doutrina ou o ensino do viver para Deus". Escreveu William Ames nas palavras iniciais de sua obra clássica *The Marrow of Theology* (A Essência da Teologia).[1] Deus mesmo exorta seus filhos: "Porque escrito está: Sede santos, porque eu sou santo" (1 Pe 1.16). Paulo instruiu os crentes de Tessalônica, dizendo: "Deus não nos chamou para a impureza, e sim para a santificação" (1 Ts 4.7). O autor de Hebreus escreveu: "Segui a paz com todos e a santificação, sem a qual ninguém verá o Senhor" (Hb 12.14). O crente que não cultiva diligentemente a santidade não terá a verdadeira certeza de sua própria salvação, nem obedecerá à exortação de Pedro no sentido de buscar esta certeza (2 Pe 1.10).² Nos capítulos seguintes, focalizaremos a chamada bíblica para que o crente cultive a santidade realizada pelo Espírito, usando diligentemente os meios que Deus proveu a fim de ajudá-lo.

Santidade é um substantivo que se relaciona com o adjetivo *santo* e com o verbo *santificar*, que significa *"tornar santo"*.³ Na linguagem bíblica, *santo* significa *separado* do pecado para Deus. Para o crente, ser separado significa, no aspecto negativo, ser separado do pecado; e, no aspecto positivo, ser consagrado (isto é, dedicado) a Deus e conformado a Cristo. Não há qualquer disparidade entre o conceito de santidade do Velho e o do Novo Testamento, embora haja uma mudança na ênfase sobre o que a santidade envolve. O Velho Testamento enfatiza a santidade moral e ritual; o Novo Testamento, a santidade interior e transformadora (Lv 10.10-11; 19.2; Hb 10.10; 1 Ts 5.23).⁴

As Escrituras apresentam a essência da santidade primariamente em relação a Deus. O foco do âmbito sagrado, nas Escrituras, é Deus mesmo. A santidade de Deus é a própria essência do ser de Deus (Is 57.15);⁵ a santidade de Deus é o pano de fundo de tudo o que a Bíblia declara a respeito de Deus. A justiça de Deus é justiça santa; sua sabedoria, sabedoria santa; seu poder, poder santo; sua graça, graça santa. Nenhum outro atributo de Deus é celebrado diante do trono do céu como a sua santidade: "Santo, santo, santo é o SENHOR dos Exércitos" (Is 6.3). "Santo" é prefixado ao nome de Deus mais do que qualquer outro atributo.⁶ Somente Isaías chama a Deus de "o Santo" mais do que 26 vezes. A santidade de Deus, escreveu John Howe, pode ser "qualificada como um atributo transcendental que, por assim dizer, permeia os demais e lhes dá beleza. É um atributo dos atributos... e, por isso, é o próprio brilho e glória das perfeições de Deus".⁷ Ele manifesta sua majestosa santidade em suas obras (Sl 145.17), em sua lei (Sl 19.8-9) e, especialmente, na cruz de Cristo (Mt 27.46). A santidade é sua coroa permanente, sua glória, sua beleza. É "mais do que um mero atributo de Deus", disse Jonathan Edwards. "É a soma de todos os atributos de Deus, a excelência de tudo o que Deus é".[8] A santidade de Deus denota duas verdades críticas a respeito dEle mesmo. Primeiramente, denota o fato de que Deus é separado de toda a sua criação e que Ele é separado de tudo que é impuro ou mau. A santidade de Deus presta testemunho sobre a sua pureza, sua absoluta perfeição ou excelência moral, sua separação de tudo que está fora dEle mesmo e sua dissociação do pecado (Jó 34.10; Is 5.16; 40.18; Hc 1.13).[9]

Em segundo lugar, visto que Deus é santo e separado de todo pecado, Ele é inalcançável pelos pecadores à parte do sacrifício santo (Lv 17.11; Hb 9.22). Ele não pode ser o Santo e permanecer indiferente para com o pecado (Jr 44.4). Deus tem de punir o pecado (Êx 34.6-7). Visto que toda a humanidade é constituída de pecadores, por causa de nossa trágica queda em Adão e de nossos pecados diários, Deus nunca pode ser apaziguado por nossos próprios esforços. Nós, criaturas feitas à imagem de nosso Criador santo, escolhemos voluntariamente em Adão, nosso cabeça da aliança, nos tornar impuros e inaceitáveis aos olhos de nosso Criador. Sangue expiatório tem de ser derramado, para que a remissão dos pecados seja outorgada (Hb 9.22). Somente a obediência perfeita e expiatória de um Mediador suficiente, o Deus-homem, Jesus Cristo, pode satisfazer as exigências da santidade de Deus em favor dos pecadores (1 Tm 2.5). E, bendito seja Deus, Cristo aceitou realizar a expiação, pela iniciativa de seu Pai; e a realizou com toda a aprovação dEle (Sl 40.7-8; Mc 15.37-39). "Aquele que não conheceu pecado, ele o fez pecado por nós; para que, nele, fôssemos feitos justiça de Deus" (2 Co 5.21). Como declara uma das formas de unidade da Igreja Reformada Holandesa sobre a Ceia do Senhor: "A ira de Deus contra o pecado é tão grande, que (em vez de deixá-lo sem punição) Ele o puniu em seu amado Filho, Jesus Cristo, com a amarga e vergonhosa morte na cruz".[10]

Por graça espontânea, Deus regenera os pecadores, fazendo-os crer somente em Cristo como sua justiça e salvação. Aqueles de nós que se encontram entre esses benditos crentes também são feitos participantes da santidade de Cristo, por meio da disciplina divina (1 Jo 1.10).[11] Ele nos chama a separar-nos do pecado e a consagrar-nos a Deus, motivados por gratidão pela sua salvação. Esses conceitos — separação do pecado, consagração a Deus e conformação a Cristo — tornam a santidade abrangente. Tudo, disse Paulo em 1 Timóteo 4.4-5, deve ser santificado, ou seja, tornado santo.

Em primeiro lugar, a santidade pessoal exige completude pessoal. Deus nunca exige que Lhe rendamos apenas uma parte de nosso coração. A chamada à santidade é uma chamada que demanda todo o coração: "Dá-me, filho meu, o teu coração, e os teus olhos se agradem dos meus caminhos" (Pv 23.26).

Em segundo, a santidade de coração tem de ser cultivada em cada esfera da vida: em privacidade com Deus, na confidencialidade de nossos lares, na competitividade de nossas ocupações, nos prazeres da vida social, no relacionamento com os vizinhos incrédulos e com os desempregados e famintos do mundo, bem como nos cultos dominicais. Horatius Bonar escreveu:

> A santidade... estende-se a cada parte de nossa pessoa,
> enche nosso ser, permeia toda a nossa vida; influencia tudo que
> somos, fazemos, pensamos, falamos, planejamos, pequeno ou
> grande, exterior ou interior, negativo ou positivo — nosso amar,
> nosso odiar, nosso entristecer, nosso alegrar, nossas recreações,
> nossos negócios, nossas amizades, nossos relacionamentos,
> nosso silêncio, nossa linguagem, nossa leitura, nossos escritos,
> nosso sair, nosso chegar — todo o nosso ser,
> em cada movimento do espírito, da alma e do corpo.[12]

Responder a chamada à santidade é uma tarefa diária. É uma chamada absoluta e radical, que envolve a essência da fé e prática religiosa. João Calvino o expressou assim: "Visto que os crentes foram chamados à santidade, toda a vida deles tem de ser um exercício na piedade".[13] Em resumo, a chamada à santidade é um compromisso que abrange toda a vida, a fim de que vivamos para Deus (2 Co 3.4) e sejamos separados para o senhorio de Jesus Cristo.

Assim, a santidade tem de ser interior, enchendo todo o coração, e exterior, abrangendo toda a vida. "O mesmo Deus da paz vos santifique em tudo; e o vosso espírito, alma e corpo sejam conservados íntegros e irrepreensíveis na vinda de nosso Senhor Jesus Cristo" (1 Ts 5.23). Thomas Boston afirmava: "A santidade é uma constelação de graças".[14] Em gratidão a Deus, o crente cultiva os frutos da santidade, tais como mansidão, bondade, misericórdia, contentamento, gratidão, pureza de coração, fidelidade, o temor de Deus, humildade, mentalidade espiritual, domínio próprio e autorrenúncia (Gl 5.22-23).[15]

A chamada à santidade não é uma chamada para merecermos aceitação diante de Deus. O Novo Testamento declara que todo crente é santificado pelo sacrifício de Cristo: "Nessa vontade é que temos sido santificados, mediante a oferta do corpo de Jesus Cristo, uma vez por todas" (Hb 10.10). Cristo é a nossa santificação (1 Co 1.30). Portanto, a igreja, como esposa de Cristo, está santificada (Ef 5.25-26). A posição do crente diante de Deus é uma posição de santidade em Cristo, por conta de sua perfeita obediência que satisfez plenamente a justiça de Deus por todo pecado.

A posição do crente não implica que ele já atingiu uma *condição* de totalmente santificado (1 Co 1.2). Várias tentativas têm sido feitas para expressar o relacionamento entre a posição do crente e sua condição diante de Deus; e a mais proeminente entre elas é a famosa tentativa de Lutero, conhecida como *simul justus et peccator* ("ao mesmo tempo, justo e pecador"). Isto significa que o crente tanto é justo aos olhos de Deus, por causa de Cristo, como permanece um pecador, quando avaliado de acordo com seus próprios méritos.[16] Embora desde o início de sua experiência cristã (que coincide com a regeneração) seu novo *status* cause impacto na sua condição, ele nunca está numa condição de santidade perfeita nesta vida. Paulo rogou a Deus que os crentes de Tessalônica fossem santificados totalmente, algo que ainda teria de ser realizado (1 Ts 5.23). a santificação recebida é a santificação verdadeira e bem começada, ainda que não seja a santificação perfeita.

Isso explica a ênfase do Novo Testamento sobre a santidade como algo buscado e cultivado. A linguagem do Novo Testamento ressalta a santificação vital e progressiva. O crente tem de se esforçar por santificação e santidade (Hb 12.14). O crescimento em santidade acompanhará o novo nascimento (Ef 1.4; Fp 3.12).

Portanto, ó crente verdadeiro, a santidade é algo que você possui diante de Deus, em Cristo, e algo que deve cultivar no poder de Cristo. Deus lhe conferiu a posição de santidade; você tem de seguir a condição de santidade. Por meio de Cristo, você é tornado santo em sua posição diante de Deus e chamado a refletir essa posição, sendo santo em seu viver diário. Seu contexto de santidade é a justificação por meio de Cristo; e seu caminho de santidade é ser crucificado e ressuscitado com Ele, o que envolve a contínua "mortificação do velho homem e a vivificação do novo" (*Catecismo de Heidelberg*, Pergunta 88). Você é chamado a ser, em sua vida, aquilo que já é em princípio, pela graça.

De modo concreto, o que você deve cultivar? 1) a imitação do caráter de Jeová; 2) a conformação à imagem de Cristo; 3) a submissão ao Espírito Santo.

Imitação do caráter do Jeová

Deus afirma: "Sede santos, porque eu sou santo" (1 Pe 1.16). A santidade de Deus tem de ser nosso maior estímulo para cultivar o viver santo. Procure ser como o seu Pai celestial em justiça, santidade e integridade. No Espírito, esforce-se para pensar os pensamentos de Deus, em harmonia com Ele, por meio de sua Palavra; para ter uma mesma mente com Ele, viver e agir como Deus quer que você o faça.[17] Como Stephen Charnock concluiu: "Esta é a maneira primária de agradarmos a Deus. Não glorificamos a Deus por meio de admirações elevadas, ou expressões eloqüentes, ou serviços ostentosos para Ele. Nós O honramos mais quando aspiramos a comunhão com Ele, com espíritos incontaminados, e quando vivemos para Ele e como Ele".[18]

Conformação à imagem de Cristo

A conformação com Cristo era um dos temas favoritos do apóstolo Paulo, do qual um exemplo é suficiente: "Tende em vós o mesmo sentimento que houve também em Cristo Jesus, pois ele, subsistindo em forma de Deus, não julgou como usurpação o ser igual a Deus; antes, a si mesmo se esvaziou, assumindo a forma de servo, tornando-se em semelhança de homens; e, reconhecido em figura humana, a si mesmo se humilhou, tornando-se obediente até à morte e morte de cruz" (Fp 2.5-8). Cristo era humilde, desejoso de abandonar seus direitos para obedecer a Deus e servir aos pecadores. Se você quer ser santo, Paulo está dizendo, tenha a mentalidade de Cristo.

Não almeje a conformação com Cristo como uma condição de salvação, e sim como um fruto da salvação já recebida pela fé. Temos de olhar para Cristo, em busca de santidade, pois Ele é a fonte e o caminho da santidade. Não procure outro caminho. Siga o conselho de Agostinho, que argumentou que é melhor andar lentamente nesse caminho do que correr fora dele.[19] Faça como Calvino ensinou: coloque a Cristo diante de você mesmo como o espelho da santificação e busque graça para refletir a imagem dEle.[20] Pergunte em cada situação enfrentada: "O que Cristo pensaria, faria e diria?" E confie nEle quanto à santidade. Ele não o desapontará (Tg 1.2-7).

Há espaço infindo para o crescimento na santidade, porque Jesus é a fonte inesgotável de salvação. Você nuca o esgotará, ao buscá-Lo por santidade, pois Ele é a santidade *par excellence*. Ele viveu a santidade; conquistou a santidade e envia o seu Espírito a fim de aplicar a santidade. "Cristo é tudo em todos" (Cl 3.11) — inclusive santidade. Como Lutero expressou com profundidade: "Nós em Cristo = justificação; Cristo em nós = santificação".[21]

SUBMISSÃO À MENTE DO ESPÍRITO SANTO

Em Romanos 8.6, Paulo divide as pessoas em duas categorias: aqueles que se deixam controlar pela sua natureza pecaminosa (ou seja, pessoas de mentalidade dominada pela carne, que seguem os desejos carnais) e aqueles que seguem o Espírito (ou seja, aqueles que cogitam "as coisas do Espírito" — Rm 8.5).

O Espírito Santo foi enviado para levar a mente do crente à submissão à mente dEle mesmo (1 Co 2). O Espírito Santo foi dado para tornar os pecadores em santos; os mais santos se submetem, cada vez mais, como servos espontâneos, ao domínio do Espírito Santo. Imploremos por graça para sermos servos dispostos mais completa e consistentemente.

Como o Espírito Santo opera esta graça de submissão à sua mente, tornando-nos santos?

- Ele nos mostra nossa necessidade por santidade por meio da convicção de pecado, justiça e juízo (Jo 16.8).

- Ele implanta o desejo por santidade. Sua obra salvadora nunca conduz ao desespero, mas, sempre, à santificação em Cristo.

- Ele outorga semelhança com Cristo no aspecto da santidade.

- Ele dá forças para vivermos de um modo santo, pela sua habitação e influência em nossa alma. Se vivemos pelo Espírito, não satisfaremos os desejos de nossa natureza pecaminosa (Gl 5.16). Pelo contrário, viveremos em obediência ao Espírito e dependência dEle.

- Por meio de nos alimentarmos humildemente das Escritures e do exercício da oração, o Espírito nos ensina sua mente, estabelecendo a compreensão permanente de que a santidade é essencial para sermos dignos de Deus e de seu reino (1 Ts 2.12; Ef 4.1) e preparados para a sua obra (1 Co 9.24-25; Fp 3.13).

Efésios 5.18 diz: "Não vos embriagueis com vinho, no qual há dissolução, mas enchei-vos do Espírito". Thomas Watson comentou: "O Espírito estampa a impressão de sua própria santidade no coração, assim como o selo imprime sua semelhança na cera. O Espírito de Deus habitando em um homem perfuma-o com santidade e torna o seu coração um mapa do céu".[22]

Capítulo 9

COMO CULTIVAR A SANTIDADE

Os crentes são chamados à santidade: isto é evidente e inquestionável. Mas a questão primordial permanece: como o crente cultiva a santidade? Em seguida, apresentamos sete orientações que nos ajudarão.

1. CONHEÇA E AME AS ESCRITURAS.

As Escrituras são o caminho primário à santidade e ao crescimento espiritual — levando em conta o fato de que o Espírito, como Mestre, abençoará a leitura e o estudo da Palavra de Deus. Jesus orou: "Santifica-os na verdade; a tua palavra é a verdade" (Jo 17.17). E Pedro aconselhou: "Desejai ardentemente, como crianças recémnascidas, o genuíno leite espiritual, para que, por ele, vos seja dado crescimento" (1 Pe 2.2).

Se você não quer permanecer espiritualmente ignorante e pobre, leia toda a Bíblia pelo menos uma vez por ano. E, ainda mais importante, memorize as Escrituras (Sl 119.11), examine-as (Jo 5.39), medite nelas (Sl 1.2), viva-as e ame-as (Sl 119;19.10). Compare Escritura com Escritura; separe tempo para estudar a Palavra. Provérbios 2.1-5 coloca diante de nós princípios de estudo bíblico sério: disposição de ser ensinado (aceitar a Palavra de Deus), disciplina (aplicar o coração), dependência (clamar por conhecimento) e perseverança (buscar um tesouro escondido).[1] Não espere crescer em santidade, se você gasta pouco tempo sozinho com Deus e não estuda com seriedade a sua Palavra. Quando você estiver contaminado por um coração propenso a se afastar da santidade, permita que as Escrituras o ensinem como viver de um modo santo em um mundo ímpio.

Desenvolva uma fórmula bíblica para um viver santo. Em seguida, apresentamos uma possibilidade extraída de 1 Coríntios. Quando você estiver hesitante quanto a um modo de agir, pergunte a si mesmo:

- Isto glorifica a Deus? (1 Co 10.31)
- É coerente com o senhorio de Cristo? (1 Co 7.23)
- É coerente com exemplos bíblicos? (1 Co 11.1)
- É lícito e benéfico para mim — nos aspectos espiritual, físico e mental? (1 Co 6.9-12)
- Ajuda os outros de maneira positiva e não os fere desnecessariamente? (1 Co 10.33; 8.13)
- Isto me coloca sob um poder escravizante? (1 Co 6.12)

Deixe a Escritura ser a sua bússola, para guiá-lo no cultivo da santidade, na tomada de decisões da vida e no enfrentar as ondas elevadas de aflição pessoal.

2. Use as ordenanças para fortalecer a fé

Use com diligência as ordenanças do batismo e da Ceia do Senhor para fortalecer sua fé em Cristo. As ordenanças de Deus complementam sua Palavra. Elas nos afastam de nós mesmos. Cada símbolo — a água, o pão, o vinho — nos direcionam a crer em Cristo e seu sacrifício realizado na cruz. As ordenanças são os meios visíveis pelos quais Ele comunga invisivelmente conosco, e nós, com Ele. Elas nos incentivam à semelhança com Cristo e, por conseguinte, à santidade.

A graça recebida por meio das ordenanças não difere da graça recebida mediante a Palavra. Ambas transmitem o mesmo Cristo. Mas, como ressaltou Robert Bruce: "Embora não recebemos um Cristo melhor, nas ordenanças, do que quando o recebemos nas Escrituras, às vezes nós recebemos mais dEle".[2]

Busque, freqüentemente, a Cristo pela Palavra e pelas ordenanças. A fé em Cristo é um poderoso motivador que nos impele à santidade, visto que a fé e o amor ao pecado não podem se misturar. Seja cuidadoso para não buscar a santidade em suas experiências com Cristo; antes, busque-a no próprio Cristo. Como William Gurnall adverte:

Quando tu confias em Cristo *contigo*, e não em Cristo *sem ti*, colocas a Cristo contra Cristo. A esposa estima o retrato de seu esposo, mas seria ridículo se ela amasse o retrato mais do que o próprio esposo, *a ponto de recorrer a este mais do que ao esposo, para suprir suas necessidades.* Tu ages assim quando és mais apaixonado pela imagem de Cristo, em tua alma, do que por Ele mesmo, que a pintou ali.[3]

3. Morra para o pecado e viva em Cristo

Considere-se morto para o domínio do pecado e vivo para Deus em Cristo (Rm 6.11). Martyn Lloyd-Jones escreveu: "Para compreendermos isso, é necessário que retiremos de nós aquele velho senso de desesperança que todos conhecíamos e sentíamos por causa do terrível poder do pecado... Posso dizer a mim mesmo que não estou mais sob o domínio do pecado e que estou sob o domínio de outro poder que nada pode frustrar".[4] Isso não implica que, por não reinar mais o pecado em nós, crentes, temos licença para abandonar nosso dever de lutar contra o pecado. Jerry Bridges nos adverte corretamente: "Confundir o *potencial* (que Deus nos outorga) de resistir ao pecado com a *responsabilidade* (que é nossa) de resistir é o mesmo que cortejar o desastre em nossa busca por santidade".[5] O Breve Catecismo de Westminster expressa o equilíbrio entre o dom de Deus e a responsabilidade do homem, quando afirma: "A santificação é obra da graça gratuita de Deus, pela qual somos renovados em todo o nosso ser, segundo a imagem de Deus, e capacitados, cada vez mais, a morrer para o pecado e a viver para a justiça" (Pergunta 35).

Procure cultivar um crescente ódio para com o pecado, como *pecado*, pois esse é o tipo de ódio que Deus possui contra o pecado. Reconheça que Deus é digno de obediência não somente como Juiz, mas especialmente como um Deus de amor. À semelhança de José, diga na tentação: "Como, pois, cometeria eu tamanha maldade e pecaria contra Deus?" (Gn 39.9).

Descubra os ídolos de seu coração. Ore por força para arrancá-los e bani-los. Ataque todo pecado, toda injustiça e todos os ardis de Satanás.

Esforce-se por arrependimento diante de Deus. Não se eleve acima da súplica do publicano: "Ó Deus, sê propício a mim, pecador!" (Lc 18.13) Lembre-se do conselho de Lutero: Deus quer que seu povo exercite "arrependimento durante toda a vida".

Creia que Cristo é poderoso para preservá-lo vivo, por meio do seu Espírito. Você vive mediante a união com Cristo; então, viva para a justiça dEle. A justiça de Cristo é maior do que a sua injustiça. A salvação que Ele outorga é maior do que a sua pecaminosidade. O Espírito dEle está em você: "Filhinhos, vós sois de Deus e tendes vencido os falsos profetas, porque maior é aquele que está em vós do que aquele que está no mundo" (1 Jo 4.4). Não se desespere: você é forte e vitorioso nEle. Satanás pode vencer muitos conflitos menores, mas a guerra é sua, a vitória é sua (1 Co 15.57; Rm 8.37). Em Cristo, o otimismo da graça divina reina sobre o pessimismo da natureza humana.

4. ORE E TRABALHE

Ore e trabalhe dependendo de Deus quanto à santidade. Ninguém, exceto Ele, é suficiente para tirar coisa pura da imundícia (Jó 14.4). Portanto, ore como Davi: "Cria em mim, ó Deus, um coração puro" (Sl 51.10). E, à medida que você ora, trabalhe.

O Catecismo de Heidelberg (Pergunta 116) ressalta que a oração e o trabalho andam juntos. São como dois remos que, utilizados juntos, mantém o barco avançando. Se você usa somente um dos remos — se você ora, e não trabalha ou trabalha, mas não ora — se moverá em círculos.

A santidade e a oração têm muitas coisas em comum. Ambas são centrais à fé e à vida cristã. São obrigatórias, e não opcionais. Ambas se originam em Deus e se focalizam nEle. Ambas são ativadas, freqüentemente, pelo Espírito de Deus. Uma não sobrevive sem a outra. Ambas são aprendidas por experiência e lutas espirituais.[6] Nenhuma delas é aperfeiçoada nesta vida, mas têm de ser cultivadas durante toda a vida. É mais fácil falar e escrever sobre elas do que praticá-las. Aqueles que mais oram são, freqüentemente, aqueles que acham que menos oram. Aqueles que são reputados os mais santos são também aqueles que se vêem como ímpios.

A santidade e o trabalho estão intimamente relacionados, especialmente o trabalho de nutrir e perseverar na *disciplina pessoal*. Disciplina exige tempo e esforço. Paulo exortou Timóteo: "Exercita-te, pessoalmente, na piedade" (1 Tm 4.7). A santidade não é alcançada imediata ou instantaneamente.⁷ A santidade é uma chamada a uma vida disciplinada; ela não pode sobreviver daquilo que Dietrich Bonhoeffer chamou de graça barata — ou seja, graça que perdoa sem exigir arrependimento e obediência. A santidade é uma graça de preço elevado — custou a Deus o sangue de seu Filho; custou ao Filho a sua própria vida; e custa ao crente a mortificação diária do pecado — de modo que, assim como Paulo, o crente morre cada dia (1 Co 15.31).⁸ A santidade graciosa exige compromisso permanente, diligência ininterrupta, prática e arrependimento contínuos.⁹ "Se, às vezes, caímos em pecado por causa de fraquezas, não podemos perder a esperança quanto à misericórdia de Deus, nem continuar no pecado, visto que... temos uma eterna aliança de graça com Deus".¹⁰ Pelo contrário, devemos resolver, como Jonathan Edwards, "nunca cessar, nem abrandar, a luta contra as corrupções pessoais, ainda que eu seja mal-sucedido".¹¹

Estas duas coisas, *lutar contra o pecado e falta de sucesso*, parecem contraditórias, mas não o são. Falhar e tornar-se um fracasso são dois assuntos diferentes. O crente reconhece que falhará com freqüência. Lutero disse que o justo se sente mais freqüentemente como "um perdedor do que como um vencedor" na luta contra o pecado, "porque o Senhor o deixa ser testado e afligido até ao máximo de seus limites, assim como o ouro é testado na fornalha".¹² Esse é um dos elementos importantes do discipulado. No entanto, o homem piedoso perseverará até em meio a suas falhas. "Porque sete vezes cairá o justo e se levantará; mas os perversos são derribados pela calamidade" (Pv 24.16). Como escreveu John Owen: "Deus age em nós e conosco, não contra nós e sem nós; portanto, seu auxílio é um encorajamento que facilita a obra, e não uma ocasião de negligenciarmos a própria obra".¹³

Jamais esqueçamos que Deus, a quem amamos, ama a santidade. Essa é a razão da intensidade de sua disciplina corretiva e paternal (Hb 12.5-6, 10). Talvez William Gurnall tenha dito isso com melhores palavras: "Deus não puxaria com tanta força, se não tivesse o propósito de arrancar o dardo que está cravado em nossa natureza. Deus ama tanto a pureza, que prefere ver um buraco a uma mancha nas vestes de seus filhos".[14]

5. FUJA DO MUNDANISMO

Temos de atacar as primeiras manifestações da soberba da vida, da concupiscência da carne e dos olhos e toda forma de pecaminosidade mundana, quando elas batem à porta de nosso coração e mente. Se abrirmos a porta e permitirmos que essas coisas perambulem em nossa mente e estabeleçam suas bases em nossa vida, então certamente nos tornaremos presas delas. "Resolveu Daniel, *firmemente,* não contaminar-se com as finas iguarias do rei, nem com o vinho que ele bebia; *então,* pediu ao chefe dos eunucos que lhe permitisse não contaminar-se" (Dn 1.8 — ênfase acrescentada). Aquilo que lemos, a recreação e o entretenimento nos quais nos envolvemos, a música que ouvimos, as amizades que estabelecemos e as conversas que temos — tudo isso afeta nossa mente e deve ser julgado à luz de Filipenses 4.8: "Tudo o que é verdadeiro, tudo o que é respeitável, tudo o que é justo, tudo o que é puro, tudo o que é amável, tudo o que é de boa fama... seja isso o que ocupe o vosso pensamento". Temos de viver *acima* do mundo e não ser do mundo, embora estejamos *no* mundo (Rm 12.1-2). Se você está firme *no* mundo, não se manterá firme *com* o mundo.

6. BUSQUE COMUNHÃO NA IGREJA

Associe-se com mentores em santidade (Ef 4.1-12-13; 1 Co 11.1).[15] A igreja deve ser uma comunhão de cuidado mútuo e uma comunidade de oração (1 Co 12.7; At 2.42). Converse e ore com crentes cujo andar piedoso você admira (Cl 3.16). "Quem anda com os sábios será sábio" (Pv 13.20). A associação promove a assimilação. Uma vida cristã isolada de outros crentes será deficiente; esse crente permanecerá espiritualmente imaturo. Não podemos ter comunhão *celestial*, se promovemos uma comunhão *secreta*.

Essa comunhão não deve excluir a leitura de tratados piedosos de épocas passadas, tratados que promovem a santidade. Lutero disse que alguns de seus melhores amigos eram mortos. Por exemplo, ele perguntava se alguém que possuía vida espiritual não tinha afinidade com Davi, que derramou seu coração nos salmos. Leia clássicos que falam com veemência contra o pecado. Deixe Thomas Manton ser o seu mentor quanto ao *Engano do Pecado* (Mischief of Sin); John Owen, quanto à *Tentação e Pecado* (Sin and Temptation); Jeremiah Burroughs, quanto ao *Mal dos Males* (The Evil of Evils); Ralph Venning, quanto à *Praga das Pragas* (The Plague of Plagues).[16] Mas também leia *Santidade sem a qual Ninguém Verá o Senhor*, escrito por J. C. Ryle; *Declínio Pessoal e Avivamento da Religião na Alma* (Personal Declension and Revival of Religion in the Soul), escrito por Octavio Winslow, e *Guardando o Coração* (Keeping the Heart), escrito por John Flavel.[17] Permita que esses teólogos de épocas passadas se tornem seus mentores e amigos espirituais.

7. Entregue-se completamente a Deus

Vivencie um compromisso presente e total com Deus. Crie hábitos de santidade. Busque harmonia e simetria no viver santo. Lance fora toda incoerência, pela graça do Espírito, e desfrute de atividades piedosas. Comprometa-se a não se macular com as tentações deste mundo e a permanecer limpo, por meio do perdão e da consagração ao seu perfeito Senhor.

Não se torne vítima da síndrome do "mais uma vez". Obediência deixada para depois é o mesmo que desobediência. A santidade de amanhã implica a impureza de *hoje*. A fé de amanhã é incredulidade *agora*. Almeje não pecar, de maneira alguma (1 Jo 2.1); suplique o poder de Deus para trazer todo pensamento cativo à obediência de Cristo (2 Co 10.5). As Escrituras indicam que os pensamentos determinam nosso caráter: "Como imagina em sua alma, assim ele é" (Pv 23.7). Um antigo provérbio expressa estas palavras:

Semeie um pensamento, colha uma ação;
Semeie uma ação, colha um hábito;
Semeie um hábito, colha um caráter;
Semeie um caráter, colha um destino.

Capítulo 10

Encorajamentos ao cultivo da santidade

Cultivar a santidade é indispensável. Thomas Watson disse tratar-se de uma "obra fatigante". Felizmente, Deus nos oferece vários motivos para cultivarmos a santidade neste mundo. Para encorajar-nos a seguir a santidade, precisamos focalizar nossos olhos nas seguintes verdades bíblicas.

Deus nos chamou à santidade

"Deus não nos chamou para a impureza, e sim para a santificação" (1 Ts 4.7). Aquilo ao que Deus nos chama é necessário. Essa chamada de Deus, bem como os benefícios que experimentamos do viver santo, deve nos induzir a buscar e praticar a santidade.

A santidade aumenta nosso bem-estar espiritual. Deus nos assegura que "nenhum bem sonega aos que andam retamente" (Sl 84.11). "Aquilo que a saúde é para o coração", observou John Flavel, "a santidade é para a alma". Na obra de Richard Baxter sobre santidade, os títulos dos capítulos são, por si mesmos, bastante esclarecedores: Santidade é o único caminho da segurança; Santidade é o único caminho mais honesto; Santidade é o caminho mais proveitoso; Santidade é o caminho mais honrável; Santidade é o caminho mais agradável.

No entanto, o fato mais importante é que a santidade glorifica o Deus que você ama (Is 43.21). Como disse Thomas Brooks: "A santidade enaltece a honra de Deus".³

A SANTIDADE FOMENTA A SEMELHANÇA COM CRISTO

Thomas Watson escreveu: "Temos de nos esforçar para sermos semelhantes a Deus em santidade. Em um vidro límpido podemos ver a face; em um coração santo podemos ver algo de Deus".⁴ Cristo é o padrão de santidade para nós: um padrão de humildade santa (Fp 2.5-13), de compaixão santa (Mc 1.41), de perdão santo (Cl 3.13), de altruísmo santo (Rm 15.3), de indignação santa contra o pecado (Mt 23) e de oração santa (Hb 5.7). A santidade cultivada que reflete a Deus e se conforma ao padrão de Cristo nos guarda de muita hipocrisia e de nos acomodarmos a um cristianismo domingueiro. Essa santidade dá vigor, propósito, significado e direção ao viver diário.

A SANTIDADE DÁ EVIDÊNCIA DA JUSTIFICAÇÃO E DA ELEIÇÃO

A santificação é o fruto inevitável da justificação (1 Co 6.11). As duas podem ser distinguidas, mas nunca separadas. Deus mesmo as uniu. A justificação está ligada organicamente à santificação; o novo nascimento resulta em vida nova. O justificado andará no "caminho de santidade do Rei".⁵ Em e por meio de Cristo, a justificação dá ao filho de Deus o *direito* ao céu e ousadia para entrar; a santificação lhe dá a *adequação* para o céu e o preparo necessário para desfrutá-lo. A santificação é a apropriação pessoal dos frutos da justificação. B. B. Warfield observou: "A santificação é a execução do decreto justificador; pois, se a santificação falhasse, isso implicaria que a pessoa justificada não estaria livre de acordo com sua justificação".[6] Por conseguinte, o decreto justificador por parte de Cristo, expresso em João 8 ("Nem eu tampouco te condeno"), é acompanhado, imediatamente, pela chamada à santidade: "Vai e não peques mais" (Jo 8.11).

A eleição também é inseparável da santidade. "Deus vos escolheu desde o princípio para a salvação, pela santificação do Espírito e fé na verdade" (2 Ts 2.13). A santificação é a marca distintiva das ovelhas eleitas de Cristo. Essa é a razão por que a eleição é sempre uma doutrina confortadora para o crente, pois é o fundamento seguro que explica a graça de Deus operando no crente. Não ficamos admirados com o fato de que os reformadores consideravam a eleição um dos maiores consolos do crente, pois a santificação visualiza a eleição.[7]

Calvino insistia que a eleição não devia desencorajar a ninguém, porque o crente obtém conforto dela; e o incrédulo não é chamado a considerá-la, e sim a arrepender-se. Quem é desencorajado pela eleição ou descansa sobre ela sem viver com santidade se torna vítima de um engano de Satanás quanto a esta doutrina preciosa e estimulante (ver Dt 29.29). Como afirmou J. C. Ryle: "Não recebemos neste mundo o privilégio de ler o Livro da Vida e verificar se os nossos nomes estão ali. Mas, se existe algo estabelecido com bastante clareza a respeito da eleição, é este fato: os homens e as mulheres eleitos podem ser conhecidos e distinguidos por vidas santas".[8] A santidade é o lado visível da salvação dos eleitos. "Pelos seus frutos os conhecereis" (MT 7.16).

A SANTIDADE PROMOVE SEGURANÇA

"Cada um pode ter, em si mesmo, certeza de sua fé pelos frutos que produz" (*Catecismo de Heidelberg*, Pergunta 86). Os teólogos reformados concordavam que muitas das formas e graus de segurança experimentadas pelos verdadeiros crentes — especialmente a segurança diária — são atingidas gradualmente no caminho da santificação, por meio do cultivo criterioso da Palavra de Deus, dos meios da graça e de obediência correspondente.[9] Um ódio crescente para com o pecado, por meio da mortificação, e um amor crescente por obedecer a Deus, por meio da vivificação, acompanham o progresso da fé, à medida que esta se desenvolve em segurança. A santidade centralizada em Cristo, realizada pelo Espírito Santo é a melhor e mais saudável evidência da filiação divina (Rm 8.1-16).

O caminho para perdermos nosso senso diário de segurança é menosprezarmos a busca diária por santidade. Muitos crentes vivem negligentemente. Tratam o pecado com leviandade ou negligenciam as devoções diárias e o estudo da Palavra de Deus. Outros vivem com muita inatividade. Não cultivam a santidade e assumem uma postura de que nada pode ser feito para promovê-la, como se a santidade fosse algo *exterior* a nós, exceto nas raras ocasiões em que algo bastante especial "acontece" no *interior*. Viver de modo negligente ou inativo significa buscar diariamente trevas, morte e esterilidade espiritual.

A SANTIDADE NOS PURIFICA

"Todas as coisas são puras para os puros; todavia, para os impuros e descrentes, nada é puro" (Tt 1.15). A santidade não pode ser exercitada por um coração que não foi transformado pela regeneração divina. Por meio do novo nascimento, Satanás é banido, a lei de Deus é escrita no coração do crente, Cristo é coroado como Senhor e Rei, e o crente se torna "desejoso e disposto a viver para Ele" (*Catecismo de Heidelber*, Pergunta 1). Cristo em nós (*Christus in nobis*) é um complemento essencial para Cristo por nós (*Christus pro nobis*).¹⁰ O Espírito de Deus não somente ensina ao crente o que Cristo fez, mas também atualiza a santidade e a obra de Cristo na vida pessoal do crente. Por meio de Cristo, Deus santifica seu filho e torna aceitáveis suas orações e ações de graça. Conforme disse Thomas Watson: "Um coração santo é o altar que santifica a oferta — não para a satisfação, mas para a aceitação".¹¹

A SANTIDADE É ESSENCIAL AO SERVIÇO EFICAZ PRESTADO A DEUS

Paulo une a santificação à utilidade: "Se alguém a si mesmo se purificar destes erros, será utensílio para honra, santificado e útil ao seu possuidor, estando preparado para toda boa obra" (2 Tm 2.21). Deus usa a santidade para auxiliar a pregação do evangelho, para edificar o crédito da fé cristã, que é desonrada pelo descuido dos crentes e hipócritas que servem como os melhores dos aliados de Satanás.¹² Nossa vida está sempre fazendo o bem ou o mal; ela é uma carta aberta, para todos lerem (2 Co 3.2). Um viver santo influencia e impressiona mais do que qualquer outra coisa. Nenhum argumento pode enfrentá-lo. Expõe a beleza do cristianismo, dá credibilidade ao testemunho e ao evangelismo (Fp 2.15).¹³ "A santidade", escreveu Hugh Morgan, "é a maneira mais eficaz de influenciar pessoas não-convertidas e criar nelas disposição para ouvir a pregação do evangelho" (MT 5.16; 1 Pe 3.1-2).¹⁴

A santidade se manifesta em humildade e reverência para com Deus. É para esse tipo de pessoa que Deus olha e usa (Is 66.2). Como observou Andrew Murray:

> Este é o grande teste que comprova se a santidade que professamos buscar é verdadeira: *manifesta humildade crescente que ela mesma produz?* A humildade é uma das coisas necessárias que permitem

que a santidade de Deus habite uma pessoa. Em Jesus, o santo de Deus, que nos torna santos, a humildade divina foi o segredo de sua vida, morte e exaltação. O teste infalível de nossa santidade será a humildade diante de Deus e dos homens, a humildade que nos distingue. A humildade é o botão e a beleza da santidade.[15]

A SANTIDADE NOS PREPARA PARA O CÉU

Hebreus 12.14 diz: "Segui... a santificação, sem a qual ninguém verá o Senhor". Conforme escreveu John Owen:

Não há qualquer imaginação com a qual o homem é mais iludido, se torna mais insensato; sim, nenhuma imaginação mais perniciosa do que esta: pessoas não purificadas, não santificadas, não tornadas santas nesta vida devem, posteriormente, ser conduzidas a um estado de bênção que consiste no gozo de Deus. Essas pessoas não podem desfrutar a Deus, nem Deus será a recompensa delas. A santidade é aperfeiçoada no céu; mas o seu início está invariavelmente confinado a este mundo. Ninguém é levado ao Céu por Deus, senão aqueles que Ele santifica na terra.
A Cabeça viva não admitirá membros mortos.[16]

Portanto, santidade e mundanismo são antitéticos entre si. Se somos dominados por este mundo, não estamos preparados para o mundo por vir.

Capítulo 11

Obstáculos ao cultivo da santidade

O cultivo da santidade enfrentará, inevitavelmente, inúmeros obstáculos. Há muitos empecilhos à santidade. Existem cinco problemas comuns contra os quais precisamos estar alertas.

Egocentrismo

A nossa atitude para com o pecado e a própria vida tende a ser egocêntrica e não teocêntrica. Freqüentemente, estamos mais preocupados com as conseqüências do pecado ou com a vitória sobre ele do que com a maneira como nossos pecados entristecem a Deus. Para cultivarmos a santidade, temos de odiar o pecado do modo como Deus o odeia. Aqueles que amam a Deus abominam o pecado (Pv 8.36). Temos de cultivar uma atitude que reputa o pecado como algo cometido principalmente contra Deus (Sl 51.4).[1]

Opiniões distorcidas sobre o pecado resultam em opiniões distorcidas sobre a santidade. "Pontos de vistas errados sobre a santidade têm a sua origem em pontos de vistas errados sobre a corrupção humana", afirmou J. C. Ryle. "Se um homem não compreende a perigosa natureza da enfermidade de sua alma, você não deve se admirar quando ele se satisfaz com remédios falsos ou imperfeitos."² O cultivo da santidade exige a rejeição da soberba da vida e da concupiscência da carne. Também exige que oremos: "Dá-me olhos puros, para que glorifique o teu nome" (Saltério, 236, estrofe 2).

Erramos quando não vivemos conscientemente com nossas prioridades centradas na Palavra, na vontade e na glória de Deus. Nas palavras do teólogo escocês John Brown: "A santidade não consiste em especulações místicas, fervores entusiastas ou austeridades pessoais. A santidade consiste em pensar como Deus pensa e querer o que Ele quer".³

Negligenciar o esforço

Nosso progresso é obstruído quando entendemos erroneamente o viver pela fé (Gl 2.20), no sentido de que nenhum esforço por santificação é exigido de nós. Às vezes, somos até inclinados a considerar pecaminoso ou "carnal" o esforço humano. Nas seguintes palavras, J. C. Ryle nos oferece um corretivo:

> É sábio proclamar, de maneira franca, grotesca e inadequada, que a santidade de um convertido acontece somente pela fé, e não por esforço pessoal? Isso está de acordo com o ensino da Palavra de Deus? Duvido. Nenhum crente bem instruído negará que a fé em Cristo é a raiz de toda a santidade. Contudo, as Escrituras ensinam, com certeza, que, para seguir a santidade, o crente precisa de trabalho e empenho pessoal, bem como de fé.⁴

Somos responsáveis por santidade. Se não somos santos, de quem é a culpa, se não de nós mesmos? Conforme aconselha Ralph Erskine, precisamos implementar a atitude de "lutar ou lutar" em relação às tentações pecaminosas. Às vezes, precisamos apenas atentar à exortação clara do apóstolo Pedro: "Amados, exorto-vos, como peregrinos e forasteiros que sois, a vos absterdes das paixões carnais, que fazem guerra contra a alma" (1 Pe 2.11). Abster-se — freqüentemente, precisamos fazer apenas isso.

Se você já se despojou do velho homem e se revestiu do novo (Ef 4.22-32), viva de acordo com isso (Cl 3.9-10). Mortifique os seus membros (ou seja, hábitos impuros) e siga as coisas do alto (Cl 3.1-5) — não como uma forma de legalismo, e sim como uma repercussão da bênção de Deus (Cl 2.9-23).[5] Faça uma aliança com seus olhos, pés e mãos, para abandonar a iniqüidade (Jo 3.1). Considere o outro caminho e ande nele. Jogue fora a ira descontrolada, a fofoca e a amargura. Mortifique o pecado (Rm 8.13) pelo sangue de Cristo. "Exercite a sua fé em Cristo para mortificar o pecado", escreveu John Owen, "e você... viverá para contemplar as concupiscências mortas aos seus pés".[6]

DEPENDÊNCIA DE SEUS PRÓPRIOS ESFORÇOS

Por outro lado, erramos miseravelmente quando nos orgulhamos de nossa santidade e achamos que nossos esforços podem, de algum modo, produzir santidade, sem a fé. Do começo ao fim, a santidade é obra de Deus e de sua livre graça (*Catecismo de Westminster*, cap. 3). Como Richard Sibbes sustentava: "Pela graça, somos o que somos na justificação e fazemos o que fazemos na santificação".[7] A santidade não é uma obra realizada, em parte, por Deus e, em parte, por nós. A santidade produzida por nosso próprio coração não está em harmonia com o coração de Deus. Todos os frutos da vida cristã em nós são resultado da obra de Deus em e por nós. "Assim, pois, amados meus, como sempre obedecestes, não só na minha presença, porém, muito mais agora, na minha ausência, desenvolvei a vossa salvação com temor e tremor; porque Deus é quem efetua em vós tanto o querer como o realizar, segundo a sua boa vontade" (Fp 2.12-13).

"Os regenerados têm uma natureza espiritual que os capacita para o viver santo; de outro modo, não haveria qualquer diferença entre eles e os não-regenerados", escreveu A. W. Pink.[8] No entanto, falando do modo restrito, a auto-santificação não existe.[9] "Fazemos boas obras, mas não para obtermos mérito por meio delas (pois que mérito poderíamos ter?); antes, somos devedores a Deus pelas boas obras que fazemos, e não Ele a nós" (*Confissão Belga de Fé*, Artigo 24). Conforme Calvino explicou: "A santidade não é um mérito pelo qual atingimos a comunhão com Deus, e sim um dom de Cristo que nos capacita a nos apegarmos a Ele e segui-Lo".[10] John Murray o expressou assim: "O agir de Deus em nós não cessa porque nós agimos, nem o nosso agir é suspenso por causa do agir dEle. Tampouco há uma relação de cooperação estrita, em que Deus faz a parte dEle e nós, a nossa... Deus age em nós, e nós também agimos".[11] Mas a relação é esta: "Porque Deus age, nós agimos também".[11]

Toda virtude que possuímos,
Toda conquista que obtemos,
Todo pensamento de santidade
Pertence somente a Ele.

Kenneth Prior escreveu: "Há um perigo sutil em falar sobre a santificação como algo que resulta essencialmente de nosso próprio esforço ou iniciativa. Podemos fazer isso inconscientemente, até reconhecendo nossa necessidade do poder do Espírito Santo, tornando a atividade desse poder dependente de nossa entrega e consagração".[12]

Nossa dependência de Deus, quanto à santidade, tem de nos humilhar. A santidade e a humildade são inseparáveis.[13] Elas têm em comum o fato de que nenhuma delas reconhece-se a si mesma. Os cristãos mais santos lamentam a sua impureza; os mais humildes, o seu orgulho. Aqueles que de nós que são chamados a ser mestres e exemplos de santidade têm de acautelar-se do orgulho sutil e insidioso agindo em nossa suposta santidade.

A santidade é bastante impedida por qualquer opinião errada sobre ela mesma e sua relação com a humildade. Por exemplo:

- Quando pensamos, falamos e agimos como se a nossa santidade nos fosse, de algum modo, suficiente, sem nos vestirmos da humildade de Cristo, já estamos envolvidos em orgulho espiritual.
- Quando começamos a nos sentir complacentes quanto à nossa santidade, estamos longe da santidade, bem como da humildade.
- Quando a mortificação pessoal está ausente, a santidade também está ausente.
- Quando a mortificação pessoal não nos faz buscar refúgio em Cristo e em sua santidade, nesse caso não há santidade.
- Sem uma vida de dependência de Cristo, não possuímos santidade.

OPINIÕES ERRÔNEAS A RESPEITO DA SANTIDADE

Aceitar opiniões erradas e contrárias à Bíblia pode impedir nossa santidade. A necessidade de experimentar "a segunda bênção", uma busca intensa por nosso dom especial do Espírito (ou o desejo de exercer um dom carismático, como o dom de falar em línguas ou de fé curadora) e a aceitação de Jesus como Senhor, mas não como Salvador — essas são apenas algumas das muitas interpretações erradas da Bíblia que podem distorcer o entendimento correto da santidade bíblica em nosso viver.

Embora a abordagem desses assuntos esteja fora do escopo deste capítulo, permita-me fazer um resumo em três afirmações. No que diz respeito ao primeiro erro mencionado no parágrafo anterior, não é apenas a segunda bênção que o crente necessita — ele necessita da segunda, bem como da terceira, da quarta, da quinta — sim, ele precisa da bênção contínua do Espírito Santo, a fim de progredir em santidade, para que Cristo cresça, e ele, crente, diminua (Jo 3.30). No que concerne ao segundo erro, alguém comentou sabiamente:

"Quando Paulo escreveu aos crentes de Corinto, dizendo-lhes que não deviam ter falta de nenhum dom (1 Co 1.7), ele deixou claro que a evidência da plenitude do Espírito não é o exercício de seus dons (dos quais aqueles crentes tinham muitos), e sim a colheita de seu fruto (do qual eles tinham pouco)".[14] E, no que diz respeito ao terceiro erro, de separar o Salvador de seu senhorio, o Catecismo de Heidelberg nos proporciona um resumo corretivo na Pergunta 30: "Uma destas duas coisas tem de ser verdade: ou Jesus não é um Salvador completo, ou aqueles que, por fé verdadeira, recebem este Salvador têm de encontrar nEle tudo que é necessário para a sua salvação".

EVITANDO O CONFLITO

Somos propensos a esquivar-nos de nossa batalha espiritual cotidiana. Ninguém gosta de guerra. Além disso, o crente é cego quanto aos seus reais inimigos — um Satanás astuto, um mundo tentador e, especialmente, a realidade de sua própria corrupção, que Paulo descreveu de modo tão penetrante em Romanos 7.14-25. Ser santo entre os santos exige graça; ser santo entre os impuros significa grande graça. Manter a santidade pessoal em um mundo ímpio, com um coração inclinado a desviar-se, necessita de luta perene. Envolve um conflito, uma guerra santa, uma batalha contra Satanás, uma luta entre a carne e o Espírito (Gl 5.17). Um crente não somente tem paz na consciência, mas também guerra no seu íntimo (Rm 7.24-8.1). Como asseverou Samuel Rutherford: "A guerra do diabo é melhor do que a paz do diabo".[15] Portanto, os remédios da santidade de Cristo (Hb 7.25-28) e da armadura cristã suprida pelo seu Espírito (Ef 6.10-20) são ignorados ao nosso próprio risco. A verdadeira santidade tem de ser buscada no contexto de uma profunda consciência do pecado, que continua a habitar em nosso coração e a enganar nosso entendimento. O homem santo, diferentemente dos outros, não está em paz com o pecado, que habita nele. Embora ele venha a cair, ele se sentirá humilhado e envergonhado por causa de seu pecado.

Capítulo 12

A ALEGRIA DE CULTIVAR A SANTIDADE

Uma vida santa tem de ser uma vida de alegria no Senhor, e não uma rotina árdua e negativa (Ne 8.11). A idéia de que a santidade exige uma disposição melancólica é uma distorção trágica das Escrituras. Pelo contrário, as Escrituras afirmam que aqueles que cultivam a santidade experimentam alegria verdadeira. Jesus disse: "Se guardardes os meus mandamentos, permanecereis no meu amor; assim como também eu tenho guardado os mandamentos de meu Pai e no seu amor permaneço. Tenho-vos dito estas coisas para que o meu gozo esteja em vós, e o vosso gozo seja completo" (Jo 15.10-11). Aqueles que são obedientes — que estão seguindo a santidade como um estilo de vida — saberão que a alegria resultante da comunhão com Deus é uma alegria suprema, contínua e antecipada.

A ALEGRIA SUPREMA: COMUNHÃO COM DEUS

Nenhuma alegria é maior do que a alegria da comunhão com Deus. "Na tua presença há plenitude de alegria" (Sl 16.11). A verdadeira alegria flui de Deus quando somos capacitados a andar em comunhão com Ele. Quando rompemos nossa comunhão com Deus, por cometermos pecado, precisamos retornar a Ele, como Davi, com oração de arrependimento — "Restitui-me a alegria da tua salvação" (Sl 51.12). As palavras que Jesus falou ao ladrão na cruz representam a maior alegria de todo filho de Deus: "Hoje estarás comigo no paraíso" (Lc 23.43).

A ALEGRIA CONTÍNUA: SEGURANÇA PERMANENTE

A verdadeira santidade obedece a Deus, e a obediência sempre confia em Deus. Ela crê: "Todas as coisas cooperam para o bem daqueles que amam a Deus" (Rm 8.28) — mesmo quando isso não pode ser visto. À semelhança de fiéis tapeceiros persas que entregam todos os fios coloridos ao seu superior que elabora o padrão do tapete, acima deles, os santos íntimos de Deus são aqueles que lhe entregam até os fios pretos que Ele pede, reconhecendo que o padrão dEle será aperfeiçoado do alto, apesar da bagunça que existe aqui embaixo. Você conhece essa confiança profunda, semelhante à de uma criança, essa confiança envolvida no crer nas palavras de Jesus: "O que eu faço não o sabes agora; compreendê-lo-ás depois" (Jo 13.7)? Essa alegria contínua e estabilizante excede nosso entendimento. A santidade colhe contentamento jubiloso — "Grande fonte de lucro é a piedade com o contentamento" (1 Tm 6.6).

A ALEGRIA ANTECIPADA: RECOMPENSA ETERNA E GRACIOSA

Jesus era motivado a suportar seus sofrimentos pela antecipação da alegria de sua recompensa (Hb 12.1-2). Os crentes também podem contemplar de antemão a entrada na alegria de seu Senhor, enquanto seguem a santidade, na força de Cristo, durante toda a sua vida. Pela graça, eles podem antecipar com alegria sua eterna recompensa: "Muito bem, servo bom e fiel... entra no gozo do teu senhor" (Mt 25.21, 23). Como observou John Whitlock: "Eis o caminho do cristão e o seu fim — seu caminho é a santidade, o seu fim, a felicidade".[1]

A santidade é a recompensa de si mesma, pois a glória eterna é santidade aperfeiçoada. "As almas dos crentes são aperfeiçoadas em santidade por ocasião da morte" (*Breve Catecismo de Westminster*, Pergunta 37). Os corpos deles também serão ressuscitados imortais e incorruptíveis, perfeitos em santidade, completos em glorificação (1 Co 15.49, 53). Por fim, o crente será aquilo que desejou ser desde a sua regeneração — perfeitamente santo em um Deus trino. O crente entrará na eterna glória de Jesus Cristo, como um filho de Deus e co-herdeiro com Cristo (Fp 3.20-21; Rm 8.17). O crente será finalmente como Cristo, santo e imaculado (Ef 5.25-27), magnificando e exaltando eternamente a inescrutável bondade da soberana graça de Deus. Na verdade, como disse Calvino: "O pensamento concernente à grande dignidade que Deus nos outorgou deve aguçar nosso desejo por santidade".[2]

Cultivando a santidade como uma luta constante

Certa vez li sobre um missionário que tinha em seu jardim uma planta que brotava folhas venenosas. Ele também tinha um filhinho inclinado a colocar na boca o que estivesse ao seu alcance. O pai arrancou aquela planta e jogou-a longe. As raízes eram profundas, e logo a planta brotou novamente. Repetidas vezes, o missionário teve de arrancá-la. Não havia outra solução, senão inspecionar o solo todos os dias e arrancar a planta sempre que ela surgia. O pecado interior é como aquela planta: precisa ser arrancado constantemente. Nosso coração precisa de mortificação contínua. Como John Owen nos alerta:

> "Temos de praticar [mortificação] todos os dias, em todos os deveres. O pecado não morrerá, a menos que seja enfraquecido constantemente. Poupe-o, e ele curará suas feridas, recuperando suas forças. Temos de vigiar a todo instante contra as operações deste princípio do pecado — em nossos deveres, em nossa vocação, em nossa conversa, em nosso descanso, em nossas provações, em nossas alegrias, em tudo que fazemos. Se formos negligentes, em qualquer ocasião, sofreremos por causa disso. Todo engano, todo descuido é perigoso".[3]

Continue a desarraigar o pecado e a cultivar a santidade. Continue a combater o bom combate da fé, sob o comando do maior dos generais, *Jesus Cristo*; com o melhor dos advogados internos, *o Espírito Santo*; com as melhores certezas, *as promessas de Deus*, tendo em vista o melhor dos resultados, *a glória eterna*.

Você já está convencido de que cultivar a santidade vale o preço de dizer não ao pecado e sim para Deus? Você conhece a alegria de andar nos caminhos de Deus? A alegria de experimentar o jugo leve e o fardo suave de Jesus? A alegria de não pertencer a si mesmo, e sim ao seu "fiel Salvador Jesus Cristo, que o torna "sinceramente desejoso e disposto a viver para Ele" (*Catecismo de Heidelberg*, Pergunta 1)? Você é santo? Thomas Brooks apresenta-nos 16 marcas da verdadeira santidade, incluindo o fato de que o crente santo "admira a santidade de Deus... possui santidade difusa, que permeia a mente e o coração, os lábios e a vida, o interior e o exterior... odeia e detesta toda iniqüidade e impiedade... se entristece por sua própria vileza e falta de santidade".[4] É uma lista consternadora, mas bíblica. Sem dúvida, todos nós estamos aquém dessas marcas; contudo, permanece a pergunta: estamos nos esforçando por essas marcas de santidade?

Talvez você responda: "Quem... é suficiente para estas coisas?" (2 Co 2.16). Eis a resposta imediata de Paulo: "Não que, por nós mesmos, sejamos capazes de pensar alguma coisa, como se partisse de nós; pelo contrário, a nossa suficiência vem de Deus" (2 Co 3.5). "Você quer ser santo... tem de *começar com Cristo*... Quer continuar a ser santo? *Permaneça em Cristo*."[5] "A santidade não é o caminho para Cristo. Cristo é o caminho para a santidade."[6] Sem Cristo, não há santidade. Logo, toda lista de marcas de santidade deve nos condenar ao inferno. Mas, em última análise, a santidade não é uma lista de marcas; é muito mais do que isso — é vida, vida em Jesus Cristo. A santidade nos crentes prova que eles estão unidos a Cristo, pois a obediência santificada é impossível sem Ele. Mas, em Cristo, a santidade permanece no contexto de *sola gratia* (somente pela graça) e *sola fide* (somente pela fé).[7] "Se observares, Senhor, iniquidades, quem, Senhor, subsistirá? Contigo, porém, está o perdão, para que te temam" (Sl 130.3-4).

"Uma vez que Cristo só pode ser conhecido pela santificação do Espírito", escreveu Calvino, "concluímos que a fé não pode ser, de modo algum, separada de uma disposição piedosa".[8] Cristo, o Espírito Santo, a Palavra de Deus, santidade, graça e fé são inseparáveis. Faça destas palavras a sua oração: "Senhor, concede-me que cultive a santidade hoje, não motivado por mérito, e sim por gratidão, pela tua graça, mediante a fé em Cristo Jesus. Santifica-me pelo sangue de Cristo, pelo Espírito de Cristo e pela Palavra de Deus". Ore como Robert Murray M'Cheyne: "Senhor, torna-me tão santo quanto um pecador perdoado o pode ser".[9]

Parte 4

Vencendo o mundo no ministério

Capítulo 13

Sua vida particular

A mensagem de despedida de Paulo aos presbíteros de Éfeso era muito afetuosa, mas estava repleta de advertências solenes. Atos 20.28 é o centro da mensagem e demonstra como os ministros do evangelho têm de vencer o mundo, ao realizarem sua obra. Atos 20.28 afirma: "Atendei por vós e por todo o rebanho sobre o qual o Espírito Santo vos constituiu bispos, para pastoreardes a igreja de Deus, a qual ele comprou com o seu próprio sangue".

Paulo nos oferece três diretrizes a considerarmos, enquanto lutamos contra o mundanismo: 1) atentem por vocês mesmos; 2) atentem pelo rebanho de Deus; 3) alimentem a igreja de Deus. Ele reforça cada exortação com persuasões a fim de perseverarmos em nossa obra e vencermos o mundo. "Atendei" — disse Paulo. Parem o que vocês estão fazendo. Prestem muita atenção. Neguem-se a si mesmos e meditem no que eu digo, pois é muito importante. Paulo estava se dirigindo aos presbíteros de Éfeso da mesma maneira como falamos a uma criança pequena. Quando temos coisas importantes a dizer-lhe, nós a colocamos bem à nossa frente, seguramos sua cabeça com nossas mãos, olhamos em seus olhos e dizemos: "Ouça-me. Isto é muito importante".

Temos de "atender", se quisermos lutar contra nossa tendência mundana. Nosso Salvador usou esta expressão quando advertiu os seus discípulos quanto aos perigos do ministério: "Olhai por vós, para que não aconteça que o vosso coração se carregue de glutonaria, de embriaguez, e dos cuidados da vida, e venha sobre vós de improviso aquele dia" (Lc 21.34).

Nesta seção do livro, examinaremos como "atender" em nossa vida particular (Capítulo 13), em nossa vida de oração (Capítulo 14), em nosso relacionamento com Deus (Capítulo 15), em nossa família (Capítulo 16), em nossa atitude para com o ministério, demonstrada em nossa luta contra o orgulho (Capítulo 17), e como enfrentar o criticismo (Capítulo 18). Os capítulos 19 e 20 explorarão o assunto de como devemos atender ao nosso rebanho, sendo fiéis aos títulos que as Escrituras nos atribuem, com ênfase especial em nossa vocação como pregador e pastor. O último capítulo provê uma estrutura trinitária, baseada em Atos 20.28, que serve como poderosa convicção para vencermos o mundo na obra do ministério.

A VIDA PARTICULAR É CRUCIAL À VIDA PÚBLICA

Atente ao que você faz em particular. Aquilo que um homem é diante de Deus, em particular, isto é o que ele realmente é. Atente, portanto, ao que você é na quietude de seu escritório ou na solidão de sua viagem, quando ninguém vê o que você está fazendo. "Temos de cultivar nossa vida interior, da qual deverá fluir nossa vida exterior", escreveu Phillip Power. "O segredo de uma vida eficaz em público sempre será um vida santa com Deus, em particular. Esta é a raiz da qual, no devido tempo, brotarão folhas e frutos."[1]

O que você é em particular é mais importante do que o que você é em público. Essa é a razão por que o apóstolo Paulo nos exorta, com freqüência, a atendermos, primeiramente, por nós mesmos.

A piedade pessoal deve andar de mãos dadas com a pureza doutrinária. Paulo escreveu a Timóteo: "Tem cuidado de ti mesmo e da doutrina; persevera nestas coisas; porque, fazendo isto, te salvarás, tanto a ti mesmo como aos que te ouvem"(1 Tm 4.16).

Como gastamos nosso tempo em particular? Que orações oferecemos a Deus? Que tipo de relacionamento temos com Ele?

O DESENVOLVIMENTO DO MUNDANISMO

Em geral, o mundanismo se desenvolve lentamente na vida de um pastor, como um câncer maligno. Não é detectado até que seja muito tarde. A igreja em Éfeso talvez ficou bastante chocada ao ouvir que o Senhor estava triste porque ela deixara o seu primeiro amor (Ap. 2.4). Sua mente estava correta na doutrina; suas mãos, ocupadas no serviço; mas seu coração se tornara frio, sem afeições. Era uma igreja que se afastara do Senhor.

O mundanismo e o deixar o primeiro amor são gêmeos siameses. O processo trágico de afastamento causado pelo mundanismo começa geralmente no lugar de comunhão particular. Nossas orações particulares de intercessão por outros se tornam frias, formais e curtas. Esse afastamento se propaga a outras partes de nosso ministério. As Escrituras se tornam menos relevantes para nós, e, a pregação, mais laboriosa. A literatura edificante perde seu atrativo.

Visto que a Palavra de Deus perde sua influência sobre nós, as transgressões se multiplicam. A humildade se rende ao orgulho. A comunhão com Deus se dissipa. Começamos a nos sentir afastados de Deus. Começamos a trabalhar *para* Deus, e não *com* Deus. Até confessamos nossos pecados, mas a nossa confissão está destituída de verdadeiro arrependimento. E nossos votos falham em produzir reforma genuína. Examinamos a nós mesmos com menos freqüência, com menos oração e menos completude.

O afastamento nos leva a falar mais *sobre* Deus, em vez de falarmos *com* Deus. Logo nos tornamos presunçosos. Pensamos que podemos suportar as provações e resistir às tentações, com nossa própria força. "Eu dizia na minha prosperidade: Não vacilarei jamais" (Sl 30.6). Continuamos a pensar dessa maneira, apesar de nosso fracasso e do silêncio de Deus. Em breve, viveremos longe da comunhão com Deus. Não sentiremos mais a necessidade de receber diariamente a Cristo, pela fé. Sentiremos pouca convicção de pecado e, pelo contrário, nos tornaremos dispostos a justificar e racionalizar nossas fraquezas e erros.

A linha de separação entre a piedade e a impiedade fica obscurecida. De algum modo, parece mais fácil conversar com as pessoas mundanas sobre as coisas seculares do que com os crentes sobre as coisas de Deus. Sentimos atração pelos divertimentos mundanos, tais como a televisão e a literatura secular. Aquilo que antes considerávamos frívolo — e perigoso — começa a tomar mais de nosso tempo.

Enquanto isso, o amor fraterno por nossos irmãos em Cristo se dissipa e se torna debilitado. Não os amamos mais suficientemente para suportar suas tendências ao pecado. Perdemos a perspectiva, começando a argumentar sobre assuntos menos importantes. Montículos são transformados em montanhas; e estas, em montículos. O temor dos homens supera o temor de Deus. Ficamos irritados e impacientes com os problemas da igreja. Falamos contra os presbíteros ou os diáconos, em vez lidarmos particularmente com os erros deles, resultando em sofrimento para toda a igreja.

Nossa consciência se torna insensível aos ardis de Satanás. Não tememos mais o poder dele, e suas tentações não são mais resistidas com firmeza. Esquecemos que Satanás quer conquistar-nos, assim como ele quis cirandar a Pedro (Lc 33.31-32).

OS MINISTROS DO EVANGELHO SÃO O ALVO PRIMÁRIO

Os pastores são objetos especiais da atenção de Satanás, por causa do ofício que realizam. Durante todo o resto de nossa vida, estaremos entre os alvos primários de Satanás. Ele usará toda armadilha, toda arma de seu arsenal para destruir nosso ministério e desacreditar o evangelho de Jesus Cristo. Como disse Calvino, o ministério "não é uma obra fácil e indulgente, e sim uma guerra árdua e severa, em que Satanás está exercendo todo o seu poder contra nós, movendo até as pedras para nos perturbar".² Isso deveria nos fazer tremer, vigiar e orar sem cessar. Satanás trabalha arduamente contra nós, líderes de igreja, por causa de nossa utilidade passada, nossa posição presente e nosso valor potencial para a causa de Cristo. Como disse Richard Baxter: "Satanás sabe que pode fazer as tropas debandarem, se consegue fazer os líderes cair diante delas. Se ele puder enlaçar os seus pés, suas mãos, seus lábios e fazer você cair, as suas tropas debandarão".³

Satanás cria estratégias para atacar nossos pontos mais fracos. Portanto, temos de esperar as mais sutis tentações e os mais violentos ataques. Como devemos ser prevenidos! Temos de vigiar todas as portas que conduzem para dentro ou para fora de nosso coração.⁴ Temos de por um guarda em cada porta — na porta de nossa imaginação, nossa mente e nosso coração. Temos de cuidar de nossos pensamentos pessoais diante de Deus. À semelhança do salmista, devemos nos assegurar de que nenhuma coisa ímpia se coloque diante de nossos olhos (Sl 101.3).

Talvez um dos maiores perigos do mundanismo que enfrentamos hoje venha de nossos olhos. Você sabe que a cada ano 4.000 pastores evangélicos se tornam enredados com a pornografia da internet? Outros pensam que não há nenhum problema em passar várias horas assistindo à televisão ou em alugar filmes questionáveis para assistir em casa. Se você perguntar pela moralidade do que eles assistem, talvez responderão: "Não é tão mau assim". Com certeza, há um pouco de profanidade; sexo e violência, também. Mas "não é realmente tão mau".

Efésios 4.29-30 diz: "Não saia da vossa boca nenhuma palavra torpe, mas só a que for boa para promover a edificação, para que dê graça aos que a ouvem. E não entristeçais o Espírito Santo de Deus, no qual estais selados para o Dia da redenção". Se você acha que, por *falar* uma palavra torpe, entristece o Espírito de Deus, por que não O entristece por *ouvir* uma palavra corrompida? Isso *realmente* O entristece.

Há ocasiões em que não podemos evitar o ouvir profanidades ditas por outros, mas não precisamos trazê-las ao nosso lar, aos nossos ouvidos e ao nosso coração. Atente ao que você faz em particular. Não flerte com o pecado.

Considere o homem que vivia no topo de uma montanha. Ele precisava contratar alguém para levar sua irmã à escola, todos os dias, subindo e descendo a montanha. Por isso, conversou com vários candidatos e perguntou-lhes: "Quão próximo você pode chegar da beira do precipício sem cair nele?" O primeiro disse: "Posso chegar a 30cm da beira do precipício, sem cair nele". O segundo afirmou: "Posso chegar a 15cm". O terceiro se vangloriou: "Posso chegar a 3cm da beira do abismo". Mas o quarto respondeu: "Não sei, porque me espremerei do outro lado, ficando tão distante quanto puder da beira do abismo". Você sabe quem conseguiu o emprego.

Maneiras de vencer o mundanismo

Irmão, fique alerta. Mantenha-se distante da beira do precipício do mundanismo. Reconheça o perigo! Você e eu somos chamados a ser exemplos para os crentes, "na palavra, no trato, na caridade, no espírito, na fé, na pureza" (1 Tm 4.12). Isso não acontece automaticamente. O Espírito Santo usa meios para nos capacitar a sermos exemplos — meios vinculados à nossa vida particular. Eis alguns desses meios:

- Atente à Palavra de Deus, persistindo "em ler, exortar e ensinar" (1 Tm 4.13) e mantendo comunhão diária com Deus. Como escreveu Thomas Boston: "O pastor mais santo na terra, enquanto alimenta os outros com uma mão, tem necessidade de por a outra em sua própria boca". Richard Baxter acrescentou: "Enquanto preparamos o banquete para os outros, não devemos hesitar em lamber nossos dedos". Temos de alimentar nossa própria alma com a Palavra de Deus e manter Cristo diante de nosso coração, se queremos ministrar aos outros.

- Tenha o cuidado de confessar o pecado, logo que esteja consciente dele. Salmos 39.6 declara: "Na tua luz veremos a luz". O Senhor não nos revelará seus segredos, enquanto não permanecemos na luz de sua agradável presença. Os puritanos gostavam de aconselhar: "Confesse sempre os seus pecados a Deus". Somente uma consciência purificada habitualmente nos proporcionará aquela comunhão transparente e ininterrupta que necessitamos tão desesperadamente em nossa vida particular, a fim de orarmos a Deus por nossa igreja e proclamarmos a sua Palavra à nossa igreja.

- Tenha o cuidado de manter seus motivos puros. Mateus 6.22 afirma: "A candeia do corpo são os olhos; de sorte que, se os teus olhos forem bons, todo o teu corpo terá luz". Você tem olhos puros, para glorificar o nome de Deus"?[5] Você não pode manter uma alvo determinado para a glória de Deus, se a sua visão e seus motivos são maculados. Por que Deus chamava Moisés, freqüentemente, a separar tempo para a comunhão com Ele? Com certeza, uma das razões é que a glória de Deus tinha de ser a preocupação predominante de Moisés. Esse é o alvo de Deus para nós em toda cruz que tivermos de carregar. Ele nos aflige para nos manter em comunhão consigo mesmo, para nos desprender do mundo e nos amadurecer para a eterna e bendita visão de *soli Deo gloria* — em resumo, para nos manter com uma mente pura e centrada nas coisas celestiais!

O céu tem de estar em nós, antes de estarmos no céu, como disse Philip Henry, o pai do comentador bíblico Matthew Henry. Estar assentado nas regiões celestiais, com Cristo Jesus (Ef 2.6) é o melhor remédio para as lutas diárias contra o mundanismo.

Capítulo 14

SUA VIDA DE ORAÇÃO

Por que não se exige dos pastores que eles assinem o ponto ou trabalhem determinadas horas por dia? Porque, de acordo com Atos 6, os apóstolos estabeleceram um precedente quando se recusaram a usar o tempo da pregação no cumprimento de outros deveres. Visto que deixar a palavra de Deus e servir às mesas não era agradável a Cristo, que os comissionara a pregar, os apóstolos decidiram consagrar-se "à oração e no ministério da palavra" (At 6.2-4).

Observe a ordem nesta passagem: em primeiro lugar, a oração; depois, o ministério. Conforme disse Charles Bridge: "A oração constitui metade de nosso ministério e dá a outra metade poder e sucesso".[1] De modo semelhante, Jean Massilon (1663-1742), um pregador francês, disse a um grupo de ministros: "Um pastor que não ora, que não ama a oração, não pertence à igreja que ora sem cessar. Ele é uma árvore estéril, que ocupa inutilmente o solo do Senhor. É o inimigo e não o pai de seu povo".[2]

NOSSO FRACASSO EM ORAR

Nossa consciência pode nos convencer neste aspecto do ministério mais do que em qualquer outro. Você nunca deve ser negligente no preparo de sermões — na tarefa árdua da exegese ou na laboriosa tarefa da aplicação — mas talvez você tenha de sentir vergonha, quando considera quão pouco tem se dedicado à oração.

Parte de nosso problema consiste de que vemos a oração como um apêndice de nossa obra, e não como a principal parte de nossa obra. Se temos de viver em santidade, temos de orar. Se queremos aprender a arte sagrada de lutar e argumentar com Deus, temos de orar. A oração é a único meio de lançarmos mão de Deus. Todos os livros que lemos sobre oração e todos os sermões que pregamos sobe oração não terão qualquer utilidade, se não orarmos como Jacó, quando lutou com Deus, dizendo: "Não te deixarei ir, se me não abençoares" (Gn 32.26).

A falta de oração é a ruína de muitos ministérios. Thomas Brooks disse: "Uma família sem oração é como uma casa sem telhado, aberta e exposta a todas as tempestades do céu". De modo semelhante, um pastor sem oração é como uma igreja sem teto, aberta e exposta a todas as tempestades do céu, da terra e do inferno.

A oração é diametralmente oposta ao mundanismo, pois o mundanismo leva em conta apenas este mundo. Em essência, o mundanismo é um convite à independência de Deus. Por contraste, a oração nos conecta ao céu. Expressa nossa dependência de Deus e clama por sua orientação e bênção em tudo que fazemos. Como afirmou John Owen: "Pregar a Palavra e não acompanhá-la com oração fervorosa e constante, em favor de que seja bem-sucedida, significa não acreditar na sua utilidade, negligenciar seu propósito e lançar fora a semente do evangelho".

Lutando com Deus em oração

Os gigantes da história da igreja nos fazem parecer anões, hoje; não porque eles eram mais instruídos, mais piedosos ou mais fiéis; antes, porque eram homens de oração. Eram como Daniel no templo de Deus. Como John Owen escreveu: "Um ministro pode encher os bancos da igreja, o rol de membros e a boca do público, mas aquilo que ele é de joelhos, na privacidade, diante do Deus todo-poderoso, isto é o que ele realmente é, e nada mais".

Atente à sua vida de oração. Como pastor, você está envolvido num conflito espiritual pelas almas dos homens. Isso exige tempo, esforço e muita oração. Como Hudson Taylor advertia sabiamente: "Não fique tão ocupado com a obra de Cristo, a ponto de não ter forças para a oração".

Lutero era um homem ocupado com a administração da Reforma, mas ele passava três horas em oração, todos os dias. Certa vez, ele disse a Melanchthon: "Preciso acordar uma hora mais cedo amanhã, porque, devido a tudo que tenho de fazer, preciso gastar mais tempo em oração".

John Welsh, o genro de John Knox, orava sete horas por dia. Ele disse: "Admiro-me de que um crente durma a noite toda e não se levante para orar". Welsh mantinha o seu casaco ao lado da cama, para que não passasse frio quando se levantasse para ter comunhão com Deus. Em determinada ocasião, sua esposa o encontrou chorando, depois da meia-noite, e lhe perguntou o que estava errado. "Ó minha querida esposa", ele respondeu, "tenho 3.000 almas pelas quais devo prestar contas e não sei como elas estão passando". Em outra ocasião, ela o ouviu clamando em sentenças quebradas: "Senhor, não me darás a Escócia?"

Por favor, não me entenda de modo errado. Não estou sugerindo que devemos tentar a prática de orar durante sete horas por dia. Quero apenas que vejamos nosso fracasso. A quantidade de tempo gasto em oração não é o principal fator; lutar verdadeiramente com Deus, em oração, é mais importante do que o espaço de tempo que gastamos em oração. Todavia, como pastores, podemos cumprir nossa vocação junto ao trono da graça, todos os dias, em dez ou quinze minutos e ainda manter uma vida íntima com o Senhor?

Duvido seriamente disso. Se afirmo que tenho um casamento excelente, mas gasto apenas quinze minutos conversando com minha esposa, todos os dias, qual a sua conclusão?

Lutar seriamente junto ao trono de Deus talvez não necessite de horas de oração, mas não pode ser realizado com base em habituais poucos minutos de petições. Nosso mundo desesperado precisa de pastores que lutam com Deus em oração.

Recuse abandonar o quarto secreto de oração, pois ali a obra de verdadeira reforma é bem-sucedida ou fracassa. Recuse contentar-se com um cristianismo exterior, não centralizado na prática da oração. Quando nos sentimos desatentos e relaxados em oração, devemos orar em voz alta, ou escrever nossas orações, ou acharmos um lugar tranqüilo pelo qual podemos andar e proferir nossas orações. Não devemos parar de orar.

Não abandone os momentos específicos de oração e ore quando sentir o menor impulso para fazê-lo. Conversar com Deus é a maneira mais eficaz de impedir o desvio e o desânimo espiritual. O desânimo sem a oração é uma ferida aberta e pronta à infecção, enquanto o desânimo com a oração é um convite ao bálsamo de Gileade.

Mantenha a oração como uma prioridade em cada aspecto de sua vida. John Bunyan disse: "Ore sempre, porque a oração é um escudo para a alma, um sacrifício para Deus e um chicote para Satanás." Ore antes e depois de cada dever na igreja, quer seja a pregação, quer a visita a uma família, quer o ensino de catecismo, quer o aconselhamento ministrado a um casal que enfrenta problemas.

Falhar em orar "sem cessar" (1 Ts 5.17) é a principal razão por que há tão pouca convicção e unção na maioria das pregações de nossos dias. Sendo mais exatos, podemos dizer que o problema tem dois lados. A culpa é nossa, como ministros, porque abandonamos o tempo de oração; e a culpa é dos membros de nossa igreja, por colocarem muitas exigências sobre nós. Muitas igrejas pressionam, inadvertidamente, seus pastores a abandonarem o tempo de oração, superlotando os seus dias com deveres administrativos, reuniões de comissões e sessões de aconselhamento. Hoje, muitos pastores estão ocupados em estudar os problemas da igreja e sugerir soluções. Mas, onde estão os homens semelhantes a Daniel, Lutero e Welsh, os quais se dedicaram à oração?

De acordo com Tiago 5.17, Elias orou revelando sua intensa dedicação ao dever. Conforme Spurgeon escreveu: "Para vocês, embaixadores de Deus, o trono de misericórdia tem um poder que está acima de toda estimativa. Quanto mais familiar vocês forem com a corte celestial, tanto mais eficazmente demonstrarão sua confiança celestial... Todas as nossas bibliotecas e escritórios são mera futilidade, quando comparados com nosso lugar de oração particular. Crescemos, nos tornamos poderosos e prevalecemos por meio da oração privativa".[3]

Capítulo 15

Seu relacionamento com Deus

Para qualquer crente e, em especial, para o pastor, o vigor de uma vida piedosa é a familiaridade pessoal com Deus. "Reconcilia-te, pois, com ele e tem paz, e assim te sobrevirá o bem", disse Elifaz (Jó 22.21). Alguém que passe o dia trabalhando com lírios em uma estufa de plantas sairá exalando o perfume de lírios. De maneira semelhante, o pastor que gasta seus dias em comunhão com Deus e com Cristo exalará "a fragrância do seu conhecimento", "o bom perfume de Cristo" e o "aroma de vida para vida" (2 Co 2.14-16).

Atente ao seu relacionamento com Deus. Familiaridade com Deus afetará todo o nosso ministério e nos influenciará espiritual, intelectual, emocional e fisicamente. De modo específico, eis o que é necessário:

Uma profunda e crescente familiaridade com Deus

Pedro nos exorta a crescer "na graça e no conhecimento de nosso Senhor e Salvador Jesus Cristo" (2 Pe 3.18).

A implicação é clara: a vida espiritual começa no coração, sendo mantida pela graça e o conhecimento. À medida que nosso coração é santificado por Deus, nossa pregação refletirá esse crescimento. Expressaremos as mesmas verdades eternas, mas elas serão enriquecidas pelas várias dimensões de nosso crescente relacionamento com Deus. Embora falemos do mesmo Pai, do mesmo Cristo, do mesmo Espírito e da mesma aliança da graça sobra a qual falávamos anos atrás, quando fomos ordenados ao ministério, esses grandes temas se tornarão mais ricos e mais profundos, visto que são ressaltados com o frescor de um relacionamento crescente com Deus.

Em um bom casamento, no qual o amor se desenvolve e se aprofunda, os cônjuges permanecem os mesmos, mas o relacionamento nunca é estático. O relacionamento se mantém vivo e dinâmico, à medida que esposo e esposa crescem em conhecer, amar e servir um ao outro. Se isto é verdade no caso de duas pessoas finitas, quanto mais no caso do relacionamento de um pastor com Deus, no qual o pastor explora as profundezas infinitas do ser de Deus e da glória de sua salvação (Rm 11.33).

A pregação é o reflexo do relacionamento de um pastor com Deus. Ai do ministro cuja igreja é levada a dormir pela pregação insípida e enfadonha de um pastor que não está crescendo em familiaridade com o seu Senhor!

UMA FAMILIARIDADE DIVERSIFICADA COM DEUS

Os salmos nos mostram quão diversificada é a experiência de conhecer e andar com Deus. Algumas pessoas podem esperar que a vida cristã seja alegria e vitória constante. O triunfo é refletido em alguns salmos; todavia, quase a metade deles descrevem o sofrimento, a tristeza, a frustração e a solidão da experiência cristã. Devemos considerar todos os salmos para que tenhamos melhor entendimento do que encontraremos em nosso andar com Deus. Como disse Lutero: "Se você não pode ver sua vida nos salmos, nunca se tornou um filho de Deus".

Andar com Deus é uma experiência diversificada. Uma pessoa piedosa pode experimentar dias de alegria extasiante e paz indescritível, mas esses dias serão seguidos por dias de lutas e sofrimento. De modo semelhante, os pastores podem ter ocasiões em que louvam a Deus "com júbilo nos lábios" (Sl 63.5), como Davi. Contudo, eles também podem ter dias em que clamarão como Asafe: "Rejeita o Senhor para sempre? Acaso, não torna a ser propício? Cessou perpetuamente a sua graça? Caducou a sua promessa para todas as gerações? Esqueceu-se Deus de ser benigno? Ou, na sua ira, terá ele reprimido as suas misericórdias?" (Sl 77.7-9).

A pregação que não incorpora grandes segmentos da Palavra de Deus, porque a alma do pregador está alienada desta experiência diversificada de andar com Deus, é uma pregação unilateral, truncada e pobre. Essa pregação não satisfará profundamente os filhos de Deus amadurecidos. Paulo compreendia a necessidade de um completo entendimento do andar cristão durante toda a vida. Visto que ele sabia o que era a ansiedade, podia ensinar aos crentes como evitar a ansiedade. Visto que ele havia lutado contra o medo, o pecado e o desapontamento, podia pregar sobre esses assuntos aos outros crentes (2 Co 1.3-7).

UMA FAMILIARIDADE INDIVIDUAL E SINGULAR COM DEUS

As Escrituras falam a respeito de como Deus age nas famílias, congregações, cidades e nações. No entanto, os crentes também são indivíduos; em uma árvore, duas folhas não são exatamente iguais.

A forma mais pura e nobre de individualismo é ensinada nas Escrituras. Por exemplo, Jesus disse: "Quanto a vós outros, até os cabelos todos da cabeça estão contados" (Mt 10.30). Isto é individualismo admirável. Ele também disse que conhece todas as suas ovelhas por nome (Jo 10.3, 4).

Se a sua familiaridade com Deus é genuína, ela é original. Não devemos imitar a linguagem ou a experiência de outros; mas, em nossas palavras, afirmar como o apóstolo João: "O que temos visto e ouvido anunciamos também a vós outros" (1 Jo 1.3).

Andar com Deus é como atravessar o oceano em um navio. Um navio não abre o caminho, para que outro navio o siga. Cada navio tem de cruzar as mesmas águas. De modo semelhante, cada um de nós tem de andar com Deus sozinho. Temos de crer que Deus nos santificará em cada experiência, para que nos tornemos ministros capacitados "de uma nova aliança" (2 Co 3.6). Deus guia cada um de nós por meio de experiências que são ordenadas exclusivamente para santificar-nos. Ele nos guia por meio de aflições, alegrias e experiências que se encaixam perfeitamente na sua vontade para nós.[1]

Se devemos ser pregadores e pastores eficazes, temos de decidir ser santos. Precisamos ter uma vida com Deus que seja crescente, diversificada e singular, a fim de mortificarmos o mundanismo e evitarmos a autodestruição. Baxter advertiu os pastores, nestes termos: "Vocês tem de ganhar ou perder o céu para vocês mesmos e para os outros".[2]

No grande Dia do Juízo, estaremos entre aqueles que dirão a Cristo: "Senhor, Senhor! Porventura, não temos nós profetizado em teu nome"? (Mt 7.22) Se não tivermos andado verdadeiramente com Deus, ouviremos estas palavras de Cristo: "Nunca vos conheci. Apartai-vos de mim, os que praticais a iniquidade" (v. 23).

Capítulo 16

Sua família

O mundanismo sempre faz surgir egoísmo; este, por sua vez, afeta profundamente relacionamentos importantes. Muitos de nós, pastores, demonstramos quão mundanos somos, por negligenciarmos nossa esposa e filhos. Estamos tão ocupados com agendas, reuniões e necessidades das pessoas, em nossa igreja, que somos inclinados a esquecer as necessidades daqueles que estão mais próximos de nós. Podemos *usar* nossa esposa mais do que lhe *servir*, esquecendo, como disse Abraham Booth, que ela é nosso "segundo eu".

Booth cita uma carta da esposa de um pastor, no século XIX, que soa como se tivesse sido escrita em nossos dias:

"Meu esposo é muito estimado como um caráter respeitável entre seus amigos religiosos. Contudo, seu exemplo em casa está longe de ser agradável. Ele pouco se importa com minha alma e pela criação de nossos filhos, cujo número está sempre aumentando. Ele parece se preocupar apenas em ter um bom relacionamento com seu povo.

Freqüentemente, tenho protestado e implorado a esse respeito, com submissão e calma, mas em vão. Cercada de crianças e repleta de limitações; destituída de atenção, instruções, consolações, que poderiam ser esperadas do coração amável de um marido piedoso, conectadas com os dons de um ministro de evangelho, derramo minha alma diante de Deus e lamento em secreto".[1]

Atente à sua família.

O RELACIONAMENTO COM SUA ESPOSA

O apóstolo Pedro nos instrui: "Maridos, vós, igualmente, vivei a vida comum do lar, com discernimento; e, tendo consideração para com a vossa mulher como parte mais frágil, tratai-a com dignidade, porque sois, juntamente, herdeiros da mesma graça de vida, para que não se interrompam as vossas orações" (1 Pe 3.7). Isso implica vários deveres:

Primeiro, temos de gastar tempo com nossa esposa. "Vivei a vida comum do lar", disse Pedro. O precioso vínculo de unidade não pode ser nutrido por nossa ausência. Com freqüência, o mundanismo dos pastores tende a aumentar, porque o tempo e a intimidade com nossa esposa não são mantidos adequadamente.

Segundo, temos de ser cordiais com nossa esposa. Ela é diferente de nós. "Vivei a vida comum do lar, com discernimento", aconselha o apóstolo Pedro, porque ela é vaso mais frágil. Observe que Pedro não disse: "Vaso frágil", como se fôssemos fortes, e ela, fraca. Nós, homens, também somos frágeis. Todos nós temos nosso tesouro em vasos de barro. Mas, nossa esposa é mais frágil do que nós. Embora ela seja mais forte em outras áreas, ela é mais frágil no aspecto físico e emocional, ou seja, temos de tratá-la com ternura e ampla dosagem de amor.

Um pastor deve respeitar as necessidades emocionais e físicas de sua esposa. Deve ter compaixão pelas mudanças hormonais e lutas pelas quais ele não passa. Nessas ocasiões, ele tem de ser um modelo especial de paciência cristã.

Terceiro, temos de honrar nossa esposa. Devemos respeitá-la profundamente, ajudá-la sempre e manifestar fidelidade para com ela. Nunca devemos falar de maneira negativa sobre nossa esposa, como o fazem os homens do mundo. Devemos tratá-la tão amavelmente como Cristo trata a sua igreja e falar sobre ela com tanto amor como Cristo o faz a respeito de sua igreja. Estamos protegendo, guiando, estimulando, amando e elogiando nossa esposa todos os dias? Somos líderes fiéis em nosso lar? Nosso casamento é tão piedoso, que toda nossa igreja o interpreta como uma epístola de graça?

Somos fiéis à nossa esposa tanto em sua presença como em sua ausência? Somos fiéis em nossas atitudes, conversa e pensamentos? Recusamos nos envolver em alguma forma de adultério ou flerte mental com outra mulher? Guardamos nossos olhos e coração de cobiçar outras mulheres? Podemos dizer, como o disse Jó: "Fiz aliança com meus olhos; como, pois, os fixaria eu numa donzela?" (Jó 31.1). Tudo isso está envolvido em honrar a nossa esposa e vencer a atitude do mundo em relação ao casamento.

Finalmente, temos de prover liderança espiritual para nossa esposa. Visto que somos "herdeiros da mesma graça de vida", nossa vida de oração não deve ser obstruída. Como esposo, temos de orar todos os dias com nossa esposa, dedicando-nos, como casal, à oração (1 Co 7.5). Nunca devemos tratar mal nossa esposa, menosprezar seus sentimentos e contender com ela, pois esse comportamento obstrui nossa vida de oração com ela.

Se minha esposa e eu somos herdeiros da graça de vida, tenho de tratá-la como a rainha e noiva que vive na presença do Noivo perfeito, Jesus Cristo. Tenho de apreciar, profundamente, todos os fardos que ela carrega comigo no ministério e não ser a causa de fardos adicionais. Tenho de amá-La como Cristo ama a igreja (Ef 5.25-27).

Cristo ama a igreja *completamente*. Ele se deu *a si mesmo* por ela (v. 25b). Em obediência a Deus, você se dá, antes e acima de tudo, à sua esposa?

Cristo ama a igreja *realisticamente*. Ele a ama apesar de suas máculas, rugas e coisa semelhante (v. 27a). Você ama a sua esposa apesar das imperfeições dela? Você a aceita como ela é? Ou lhe impõe pressões, por ser esposa de um pastor, a ponto de causar tensão em seu casamento e expectativas irreais a respeito do papel dela na igreja?

Cristo ama a igreja *propositadamente*. Ele a ama para santificá-la e purificá-la, "por meio da lavagem de água pela palavra", e assim apresentá-la "a si mesmo igreja gloriosa", a fim de que ela seja "santa e sem defeito" (Ef 5.27). O grande desejo de seu coração é que, como ministro do evangelho, no relacionar-se com sua esposa, no viver com ela e no ministrar-lhe a Palavra, você a encoraje a andar no caminho de santidade do Rei e a preparar-se para encontrar-se com seu Senhor, na sua manifestação?

Cristo ama a igreja *sacrificialmente*. Ele se entregou por ela (v. 25). Você mantém um espírito de entrega para com sua esposa? Você aprendeu, de fato, que, no casamento, é mais abençoado dar do que receber?

Você ama a sua esposa de uma maneira bem semelhante à de Cristo, liderando-a nos caminhos de Deus? Deus não permita que você demonstre mais cuidado espiritual pelos membros de sua igreja do que por sua esposa!

O RELACIONAMENTO COM OS FILHOS

Também devemos dar prioridade aos nossos filhos no que diz respeito a ensiná-los, a treiná-los e a evangelizá-los. Como estamos criando nossos filhos? À semelhança do mundo, estamos oferecendo-lhes possessões, em vez de tempo e atenção? Estamos treinando-os nos caminhos de Deus, nos aspectos da aliança e da evangelização? Estamos cumprindo, em relação aos filhos, nossa vocação como profetas que ensinam, sacerdotes que intercedem e reis que guiam? Praticamos a adoração familiar séria e conversamos com eles, todos os dias sobre as coisas espirituais? Nós os tratamos de acordo com sua natureza e necessidade, reconhecendo que cada filho deve ser tratado individualmente? Somos afetivos, apoiadores e estimulantes com todos eles?

O grande teólogo Charles Hodge ordenou que a maçaneta da porta de seu escritório fosse abaixada suficientemente para que seu filho menor pudesse ter acesso a ela, a qualquer momento. Nossos filhos sabem que têm o privilégio de acesso perpétuo em nossa vida e um lugar de prioridade em nosso coração, assim como nós os temos no relacionamento com nosso Pai celestial? Fazemos esforço para tratá-los como o nosso Pai nos trata?

Demonstremos extrema diferença entre um lar centralizado em Cristo e um lar mundano. Mostremos ao mundo que uma esposa cristã não desanimará, se estiver sob a liderança de um marido que fortalece, protege e guia sua esposa (Ef 5.23-30). Mostremos ao mundo que os filhos reagirão freqüentemente com obediência amável, quando governamos corretamente nosso lar, criando-os na disciplina e admoestação do Senhor (Ef 6.4; 1 Tm 3.4-5).

Capítulo 17

SUA LUTA CONTRA O ORGULHO

Atente à sua atitude para com o ministério. Os pastores podem desenvolver duas atitudes paralisantes em relação ao ministério: orgulho ou pessimismo. Ambas são mundanas, pois demonstram que o mundo ainda não está crucificado em nós. Neste capítulo, abordaremos o orgulho e, nos próximos capítulos, o pessimismo.

O PECADO DE ORGULHO

Deus odeia o orgulho (Pv 6.16-17). Com seu coração, Ele odeia o orgulho; com seus lábios, amaldiçoa-o; com suas mãos, pune-o (Sl 119.21; Is 2.12; 23.9). O orgulho foi o primeiro inimigo de Deus. Foi o primeiro pecado no Paraíso e será o último que deixaremos na terra.

Como pecado, o orgulho é singular. Muitos pecados nos afastam de Deus, mas o orgulho é um ataque direto contra Deus. Eleva nosso coração acima de Deus e contra Ele. O orgulho procura destronar a Deus e entronizar a si mesmo.

O orgulho também procura destronar meu próximo. Sempre coloca a idolatria do "ego" acima do meu próximo. Em sua raiz, o orgulho transgride ambas as tábuas da Lei, todos os Dez Mandamentos.

O orgulho é complexo. "Assume muitas formas e estilos, envolvendo o coração como as camadas de uma cebola: quando removemos uma camada, há outra por baixo", escreveu Jonathan Edwards.

Nós, pastores, que estamos sempre sob o olhar das pessoas, somos particularmente inclinados ao pecado de orgulho. Conforme escreveu Richard Greenham: "Quanto mais piedoso for um homem, quanto mais graças e bênçãos de Deus estiverem sobre ele, tanto mais ele precisará orar, porque Satanás está muito ocupado em agir contra ele e porque é propenso a se envaidecer com uma presunçosa santidade".

O orgulho se alimenta de qualquer coisa: uma medida justa de sabedoria e habilidade, um simples cumprimento, um tempo de prosperidade notável, uma chamada a servir a Deus em uma posição de prestígio — até a honra de sofrer por causa da verdade. "É muito difícil matar de fome esse pecado, visto que não existe quase nada do que ele não possa viver", escreveu Richard Mayo.[1]

Se pensamos que estamos imunes ao pecado de orgulho, devemos perguntar a nós mesmos: quão dependente somos do louvor dos outros? Estamos mais preocupados com uma reputação de santidade do que com a própria santidade? O que os presentes e as recompensas que ganhamos de outros dizem a respeito de nosso ministério? Como reagimos ao criticismo das pessoas de nossa igreja?

Nossos antecessores não se consideravam imunes a este pecado. "Sei que sou orgulhoso; mas não conheço metade de meu orgulho", escreveu Robert Murray M'Cheyne. Vinte anos depois de sua conversão, Jonathan Edwards lamentava as "profundezas insondáveis e infinitas de orgulho" deixadas em seu coração. E Lutero disse: "Tenho mais medo do papa do 'ego' do que do papa de Roma e de todos os seus cardeais".

O orgulho destrói nossa obra. "Quando o orgulho escreve nosso sermão ele assume sua forma e sobe ao púlpito conosco", disse Richard Baxter. "O orgulho forma o nosso tom, estimula nossa pregação e subtrai-nos aquilo que poderia ser desagradável às pessoas. Ele nos coloca na busca do fútil aplauso de nossos ouvintes. Faz os homens seguirem a si mesmos e buscarem sua própria glória."[2]

Um pastor piedoso luta contra o orgulho, enquanto um pastor mundano alimenta o orgulho. "Os homens me admiram freqüentemente, e sinto deleite nisso", admitiu Matthew Henry, "mas odeio o deleite que sinto".[3] Cotton Matther recordava, quando o orgulho enchia seu coração de amargura e confusão diante do Senhor: "Esforçava-me para ver meu orgulho como a própria imagem do Diabo, contrário à imagem e graça de Cristo; vê-lo como uma ofensa contra Deus e uma afronta ao seu Espírito; como a tolice e a loucura mais insensata para alguém que não possuía nada excelente e uma natureza tão corrupta".[4] Thomas Shepard também lutava contra o orgulho. Em seu diário, na folha do dia 10 de novembro de 1642, ele escreveu: "Fiz um jejum pessoal, para obter mais clareza, a fim de ver toda a glória de Deus... e para obter a vitória sobre todo o orgulho remanescente em meu coração".[5]

Você pode se identificar com esses pastores, em sua luta contra o orgulho? Você se importa bastante com seus irmãos no ministério, a ponto de admoestá-los a respeito deste pecado? Quando John Eliot, o missionário puritano, observava que um colega pensava de modo muito elevado a respeito de si mesmo, dizia para ele: "Irmão, estude a mortificação, estude a mortificação".[6]

Maneiras de subjugar o orgulho

Como lutamos contra o orgulho? Eis algumas maneiras que nos ajudam a subjugar o orgulho.

- Entenda quão profundamente o orgulho está arraigado em nós e quão perigoso ele é para o ministério. Devemos protestar conosco mesmo como o puritano Richard Mayo: "Deve ser orgulhoso o homem que pecou como tu pecaste, que viveu como tens vivido, que desperdiçou tanto tempo, que abusou tanto da misericórdia, que omitiu tantos deveres, que negligenciou tão grandes meios e, por isso, entristeceu o Espírito de Deus, transgrediu a sua Lei, desonrou o seu nome. Deve ser orgulhoso o homem que tem um coração como o que tens".[7]

- Olhe para Cristo. Se desejamos destruir o orgulho mundano e viver com humildade santa, olhemos para Cristo, nosso Salvador, cuja vida, conforme disse Calvino, "era nada mais do que uma série de sofrimentos". Em nenhum outro lugar a humildade foi tão cultivada como no Getsêmani e no Calvário. Quando o orgulho ameaça você, considere o contraste entre um pastor orgulhoso e um Salvador humilde. Confesse, como Joseph Hall:

Teu jardim é o lugar
Onde o orgulho não pode entrar,
Pois, se ali ele ousasse entrar,
Logo seria afogado em sangue.

E cante, com Isaac Watts:

Quando investigo a maravilhosa cruz,
Em que morreu o Príncipe da Glória,
Meu maior ganho reputo como perda
E lanço desdém sobre todo o meu orgulho.

- Permaneça na Palavra. Em dependência do Espírito, leia, pesquise, memorize, ame, ore sobre ela e medite em passagens como Salmos 39.4-6; Salmos 51.17; Gálatas 6.14; Filipenses 2.5-8; Hebreus 12.1-4; 1 Pedro 4.1. Somente o Espírito pode destruir o poder de nosso orgulho e cultivar humildade em nosso íntimo, tomando as coisas de Cristo e revelando-as para nós.

- Busque um conhecimento mais profundo de Deus, seus atributos e sua glória. Jó e Isaías nos ensinam que nada é tão humilhante como o conhecimento de Deus (Jó 42; Is 6). Gaste tempo meditando na grandeza e santidade de Deus, em comparação com sua pequenez e pecaminosidade.

- Pratique a humildade (Fp 2.3-4). Lembre como Agostinho respondeu a pergunta: "Quais as três virtudes que um pastor mais necessita?" Ele disse: "Humildade, humildade, humildade". Para obter isso, procure ter maior consciência de sua depravação, bem como da hediondez e da irracionalidade do pecado. Não descanse enquanto não puder confessar diariamente como João Batista: "Convém que ele cresça e que eu diminua" (Jo 3.30), pois isto é a essência da humildade.

- Lembre, diariamente, que "a soberba precede a ruína, e a altivez do espírito, a queda" (Pv 16.18). Considere suas aflições como dons de Deus para conservá-lo humilde. Considere seus talentos como dons de Deus que nunca lhe trazem qualquer honra (1 Co 4.7). Tudo que você já realizou e realizará veio das mãos de Deus.

- Encare a vitória sobre o orgulho como um processo vitalício que o chama a crescer em servidão. Esteja determinado a batalhar contra o orgulho, por considerar cada dia como uma oportunidade para esquecer-se de si mesmo e servir aos outros. Como escreveu Abraham Booth: "Não esqueça que toda a sua obra é ministerial — e não legislativa — para que você não seja um senhor da igreja, e sim um servo.[8] O ato de servir é intrinsecamente humilhante.

- Leia a biografia de grandes santos, como *Whitefield's Jounals* (Diário de Whitefield), *A Vida de David Brainerd*, e *Spurgeon's Early Years* (Os Primeiros Anos de Spurgeon). Como disse Martyn Lloyd-Jones: "Se isso não o trouxer à terra, declare que você é apenas um profissional, sem esperança".[9] Associe-se com santos que exemplificam humildade, e não com arrogantes ou bajuladores.

- Medite naquilo que os puritanos chamavam de "as quatro últimas coisas": a solenidade da morte, a certeza do Dia do Juízo, a amplitude da eternidade e os estados inalteráveis do céu e do inferno. Considere o que você merece por causa do pecado e qual será o seu futuro por causa da graça. Permita que o contraste o humilhe (1 Pe 5.5-7).

Capítulo 18

SEU CONFLITO COM AS CRÍTICAS

Uma atitude pessimista em um pastor não é melhor do que uma atitude de orgulho, porque este é a raiz do pessimismo. Os pastores se tornam pessimistas quando pensam que merecem um tratamento melhor do que estão recebendo. Às vezes, eles podem estar certos, mas também podem estar falhando no exercício da auto-renúncia semelhante à de seu Senhor, que, às mãos dos homens, sofreu muito mais do que os pastores podem estar sofrendo. Contudo, apesar de haver sofrido muito mais, nosso Senhor não retaliou (1 Pe 2.23).

O ressentimento e o criticismo são servos do pessimismo. Um espírito murmurador produz pessimismo, depressão, amargura e desilusão no ministério. Também produz presunção e cegueira quanto à condição da própria pessoa. Pastores amargurados não conseguem, freqüentemente, ver seu espírito não perdoador ou sua tendência de julgar os outros e magnificar suas imperfeições (Mt 7.3-5).

Se algum pastor tinha razões para ser pessimista, esse era o encarcerado Paulo. No entanto, foi da prisão que ele escreveu a sua mais alegre epístola, Filipenses. Paulo experimentou tempo de depressão e tristeza (2 Co 1.8-9), mas suas epístolas mostram pouca evidencia dessa situação. Ele pôde dizer: "Aprendi a viver contente em toda e qualquer situação" (Fp 4.11). As pessoas já têm bastante problemas e dificuldades; e não precisam ter de suportar as ministrações de um pastor pessimista e descontente.

Parte do problema do pessimismo é que poucos pastores sabem como responder àqueles que os criticam. No seminário, não receberam nenhum conselho acerca deste assunto crítico; e não podem achar muita ajuda na literatura que aborda o assunto; e, muito provavelmente, não assistiram a nenhuma conferencia que tratasse do assunto. Um estudo recente mostra que 81% dos clérigos americanos têm sofrido criticismo hostil; 25% dos clérigos sentiram que enfrentar o criticismo era o problema mais difícil do ministério.[1] Ser a última instância de recepção das críticas, durante muitos anos, resulta em pessimismo, cinismo, desespero, insônia e resignações. Este capítulo tenciona oferecer-lhe alguma ajuda para você enfrentar as críticas, sem que estas levem-no ao pessimismo.

Considere a crítica inevitável

John Wesley uma vez questionou, em seu diário, se ele estava realmente vivendo de modo correto para Deus, pois não recebera nenhuma crítica durante todo o dia! É fútil imaginar que você pode evitar o criticismo no ministério. Os pastores se engajam no que Andy Stanley chama de *implementar visões*. Implementar visões envolve produzir mudanças, e estas produzem criticismo da parte daqueles que estão acostumados com o estado em as coisas se encontram.[2] Além disso, se você proclama todo o conselho de Deus, como deve fazê-lo, está destinado a se tornar alvo de criticismo, pois as verdades que você apresenta têm conseqüências eternas. Portanto, não se surpreenda quando as pessoas o odeiam ou o amam. Se você está conseguindo penetrar-lhes a alma, poucas se mostrarão neutras. Ou elas rejeitarão a sua mensagem, ou testemunharão que a mensagem alimenta-lhes a alma. Como Jesus disse: "Ai de vós, quando todos vos louvarem!" (Lc 6.26). Espere criticismo e não se deixe vencer por ele.

CONSIDERE OS MOTIVOS

Antes de tudo, é imperativo ouvir bem. Não aceite os fatos imediatamente, mas faça perguntas — ouvi e entendi a crítica de modo exato e correto? Ouvi o verdadeiro problema ou apenas um sintoma de algo mais profundo? Ira não solucionada, depressão, mudanças nas situações da vida, frustração nos relacionamentos, inveja, expectativas arruinadas e insatisfação com a obra da igreja podem levar ao criticismo. Então, pergunte a si mesmo: "A pessoa que está me criticando tem um motivo justo que tem como alvo o aprimoramento de meu ministério, ou essa crítica é apenas uma indicação de algo mais?" Por exemplo, aquele que critica se alegra em achar falhas nos outros, porque isso, de algum modo, o faz sentir-se superior? Entender o motivo das pessoas o ajudará a reagir e enfrentar melhor a crítica. Como regra geral, dê àquele que o critica o benefício da dúvida, admitindo que o motivo dele é puro, a menos que você tenha evidências convincentes do contrário.

CONSIDERE A FONTE

Embora você deva encarar com seriedade toda crítica, pergunte também a si mesmo: "Quem está me criticando — um oficial da igreja, um crente maduro, um bebê na fé, um incrédulo, uma pessoa altamente crítica ou um membro negligente da igreja? James Taylor escreveu: "Aqueles que criticam são geralmente os que não se envolvem, que ficam à margem e se mostram surdos a todos os apelos de serviço para a igreja".[3] A crítica proveniente desse tipo de pessoa raramente merece chance ou qualquer outro investimento de energia de nossa parte.

Por outro lado, se a crítica procede de um crente maduro ou de um oficial da igreja que apóia o seu ministério, você deve considerar a crítica com mais seriedade e descobrirá que ela contém alguma verdade que exige mudança. Além disso, você deve incentivar a avaliação construtiva da parte dessa pessoa. Falando de modo geral, quanto mais sinceramente você receber críticas construtivas, tanto mais o seu ministério e relacionamentos com os outros se beneficiarão dessas críticas.

No entanto, tenha cuidado para não reagir com excesso às reclamações que são levantadas por alguns e têm pouco significado para eles. Existe uma diferença entre uma reclamação da parte de três pessoas em uma igreja de quinze membros e uma reclamação de três pessoas em uma igreja de mil membros. Em igrejas grandes, uma mudança realizada por alguns membros provocará mais reação do que satisfação nas pessoas. Em resumo, devemos atentar primeiramente à qualidade da reclamação, mas, às vezes, o número de pessoas que reclamam também merece que sejam feitas mudanças, que, de outro modo, seriam inconseqüentes.

Considere o contexto

O ambiente físico, o momento e a situação que geraram a crítica podem nos ajudar a determinar se ela é proveitosa. Como regra geral, não reaja à crítica por, pelo menos, 24 horas, dando a si mesmo tempo para orar, filtrar seus sentimentos, superar a mágoa e consultar outros cuja sabedoria você respeita.

O tempo de oração é vital. A oração coloca a crítica no contexto apropriado. Traz clareza à mente e vigor à alma; diminui a ansiedade e reacende a sua paixão por aquilo que é correto e verdadeiro.

Lembre-se: você é mais conhecido por suas *reações* do que por suas *ações* (Pv 16.32). Impor apressadamente soluções para os problemas pode tornar pior a situação. Algumas situações se renderão apenas ao toque curativo do tempo. A verdade tem uma maneira de vindicar a si mesma no tempo oportuno. Lucas 21.19 afirma: "É na vossa perseverança que ganhareis a vossa alma".

CONSIDERE A SI MESMO

As críticas são, freqüentemente, dons de Deus para nos protegerem de tendências auto-satisfatórias e autodestrutivas. O Espírito Santo usa nossa crítica para nos guardar de justificarmos, protegermos e exaltarmos a nós mesmos. Embora as pessoas exagerem em suas críticas e raramente estejam corretas no todo, elas estão certas em parte.

Pergunte a si mesmo: "Estou reagindo corretamente à crítica?" Lembre: aqueles que ouvem a Cristo aprendem a ouvir os outros. Se você percebe que está se sentindo, habitualmente, desrespeitado, negligenciado e injuriado, encare esses sentimentos com suspeita. Torne-se mais vulnerável. Você reclamará menos, se considerar quão pouco criticismo recebe, embora seja um homem indigno, se comparado com Cristo, que era totalmente digno.

Ache alguém que possa tornar-se responsável por você e o ajude a monitorar suas reações. Busque a sabedoria e a coragem necessárias para penetrar o isolamento de seu ego. Não tenha medo de dizer: "Eu estava errado; você me perdoa?"

CONSIDERE O CONTEÚDO

Você pode aprender muito a respeito de si mesmo ao ouvir críticas. Seja grato por elas. Alguns de nossos melhores amigos são aqueles que discordam de nós, com amor, sinceridade e inteligência. "Leais são as feridas feitas pelo que ama" (Pv 27.6). A crítica proveitosa é um bom remédio.

David Powlison escreveu: "As críticas, como as autoridades governamentais, são ministros de Deus para o nosso bem (Rm 13.4). Ele, que vê o coração, usa as críticas para ajudar-nos a ver coisas em nós mesmos: erros na fé e prática, ênfases distorcidas, assuntos em que carecemos de discernimento, áreas de negligência, atitudes e ações contrárias aos compromissos afirmados e, sim, virtudes e contribuições significativas".[4]

Então, pergunte a si mesmo: o que as críticas estão dizendo que podem me ajudar a aprimorar a mim mesmo e ao meu ministério? Há um cerne de verdade nesta crítica que, feitas as mudanças, me tornarão um pastor melhor?

Se as críticas dizem algo construtivo, absorva-as, confesse sua falha, seja o primeiro na autocrítica, peça perdão com sinceridade, mude para melhor e continue seu ministério. Se as críticas não oferecem nada construtivo, seja cortês e educado; e siga em frente.

Nunca se torne irado nem autodefensor, mas ofereça a outra face, como Jesus aconselhou. Se a sua consciência é pura, uma explicação simples e clara pode ser proveitosa em certos casos, embora o silêncio respeitoso seja freqüentemente mais apropriado e eficaz (Mc 14.61). A qualquer custo, esforce-se para não justificar a si mesmo; seus amigos não precisam disso, e seus inimigos provavelmente não acreditarão em sua justificativa. Recuse-se a descer ao nível da crítica negativa; não retribua o mal com o mal. Lute as batalhas de Deus, não as suas próprias, e você descobrirá que Ele lutará as suas batalhas. Não lhe compete retribuir. Romanos 12.19 declara: "Não vos vingueis a vós mesmos, amados, mas dai lugar à ira; porque está escrito: A mim me pertence a vingança; eu é que retribuirei, diz o Senhor".

Não aceite com seriedade qualquer sussurro. Não se desvie para a controvérsia infrutífera, nem gaste suas energias tentando apaziguar ou persuadir críticas implacáveis que nutrem a animosidade. Lembre: "O irmão ofendido resiste mais que uma fortaleza; suas contendas são ferrolhos de um castelo" (Pv 18.19). Por que estou sendo mal entendido? Os meus sermões, atitudes, temas favoritos e características pessoais se combinam, de alguma maneira, para transmitir uma mensagem confusa? Estou apenas falando de modo indireto sobre aquilo que deveria expressar com clareza ou ignoro certos problemas que deveriam ser abordados? Com freqüência, as críticas que você recebe estão, em parte, corretas em uma ou mais dessas áreas. Pelo menos, elas lhe ensinarão paciência, o tornarão mais semelhante a Cristo e o guardarão do orgulho. Podem salvá-lo de você mesmo, levando-o a grande dependência de Deus.

Não importando os resultados que as críticas produzam, uma vez que você tenha lidado corretamente com elas e feito as mudanças necessárias, não permita que elas infeccionem e prejudiquem sua alma. Desenvolva a atitude de Eleanor Roosevelt, que disse: "As críticas causam poucas conseqüências em mim, a menos que pense haver um verdadeiro motivo para elas ou algo que eu tenha de fazer". De qualquer maneira, aborde as críticas de modo rápido e eficaz; e esqueça-as. Depois, dedique-se à sua obra. Não esqueça que o pessimismo se desenvolve quando abrigamos a recordação e a mágoa das críticas, permitindo-lhes que infeccionem o nosso íntimo.

Considere as Escrituras

Alguns pastores são extremamente sensíveis e, por isso, não podem suportar o criticismo sem sucumbir. Eles precisam desenvolver emoções mais fortes. Outros pastores se mostram tão enrijecidos pelos conflitos do ministério, que seu coração, como alguém disse, é como o couro de um rinoceronte. Eles precisam desenvolver um coração brando de criança. Na verdade, precisamos de ambas essas coisas.

Precisamos cultivar um coração de criança em relação ao criticismo bíblico e do couro de rinoceronte em relação ao criticismo satânico. A combinação é possível, não em nossa força, mas somente pela graça de Deus moldando nosso coração, por intermédio de sua Palavra.

Precisamos memorizar e meditar textos como Efésios 6.10: "Quanto ao mais, sede fortalecidos no Senhor e na força do seu poder"; bem como Romanos 12.10: "Amai-vos cordialmente uns aos outros com amor fraternal"; e Romanos 8.28: "Sabemos que todas as coisas cooperam para o bem daqueles que amam a Deus, daqueles que são chamados segundo o seu propósito". Não esqueçamos que Deus não comete erros. Olhe mais para Ele como a causa primária e não olhe para causas secundárias. Creia em Jesus, quando Ele disse: "O que eu faço não o sabes agora; compreendê-lo-ás depois" (Jo 13.7).

Devemos ler e meditar esses textos diariamente, permitindo que eles permeiem nossa mente e alma, de modo que fiquemos convencidos de que os propósitos de nosso Senhor prevalecerão sempre, até nas mais intensa perseguição. Satanás não é senhor sobre Cristo; pelo contrário, Cristo é Senhor sobre Satanás e usará até o criticismo satânico para cumprir seus propósitos sábios. Aceite, portanto, todos os lidares providenciais de Cristo em relação a você como procedentes dEle mesmo, permitindo que esses lidares conformem-no à imagem de Cristo. Somente à medida que as Escrituras nos conformam à imagem de Cristo, achamos o equilíbrio correto de ternura forte com vigor compassivo, em face ao criticismo.

Considere a Cristo

Acima de tudo, olhe para Jesus quando você se deparar com intenso criticismo. Hebreus 12.3 adverte: "Considerai, pois, atentamente, aquele que suportou tamanha oposição dos pecadores contra si mesmo". Pedro falou com mais detalhes: "Cristo sofreu em vosso lugar, deixando-vos exemplo para seguirdes os seus passos, o qual não cometeu pecado, nem dolo algum se achou em sua boca; pois ele, quando ultrajado, não revidava com ultraje; quando maltratado, não fazia ameaças, mas entregava-se àquele que julga retamente" (1 Pe 2.21-23). Se Cristo que era perfeito e não tinha nenhuma culpa foi cuspido, zombado, rejeitado e crucificado, o que mais podemos esperar, nós que somos pastores imperfeitos? Se um dos apóstolos traiu a Cristo por uma quantia insignificante, e outro jurou que não O conhecia, motivado por temor de uma criada, por que esperamos realizar nosso ministério sem traições ou deserções?

Além disso, se nossos críticos estão errados e sofremos injustamente, não deveríamos dar graças a Deis por que eles não sabem, de fato, o quão maus realmente somos? Não importa o quanto somos criticados; nunca somos criticados na medida que nossos pecados merecem, ainda que sejamos inocentes quanto às acusações lançadas contra nós.

Se temos a Cristo, que, sendo inocente, sofreu por nós infinitamente mais do que sofreremos por Ele, temos mais do que necessitamos para enfrentar qualquer provação (1 Co 10.13; 2 co 4.7-12). Beba profundamente do amor de Cristo, deleite-se no Deus trino; assim, você vencerá o pessimismo e será capaz de amar aquele que o critica (Sl 37.1-4).

Considere a fidelidade de Cristo. Ele não foi fiel no passado, conduzindo-o através de cada período de criticismo? Ele não é maior do que qualquer obstáculo presente? Em vez de focalizar-se no seu crítico que parece ter tanto poder, focalize-se no grande poder de Cristo e em sua fidelidade eterna como seu Intercessor e Advogado à direita do Pai (Hb 7.25). Confie em Cristo mais uma vez; Ele não o desapontará.

CONSIDERE OS SANTOS DAS ESCRITURAS

Permita-me usar como ilustrações um santo do Velho Testamento e outro do Novo. Considere Neemias. Muitas das críticas de

Sambalá eram válidas. Os operários de Neemias não tinham habilidade; alguns não eram comprometidos com a obra. Algumas seções do muro não eram fortes; algumas seções não podiam ser reconstruídas (Ne 4.1-3). Como Neemias reagiu? Ele entregou sua causa a Deus, em oração. Neemias recordou que a fonte de sua visão era Deus e não ele mesmo. Assim, estabelecendo uma guarda, ele revisou seus planos de acordo com as circunstâncias, sem abandonar sua visão (Ne 4.4-9). Essa reação em três passos é freqüentemente o que precisamos fazer: orar, recordar e revisar — mas não abandonar a visão. Um plano fracassado não é igual a uma visão fracassada. Geralmente, isso significa que você tem de banir seu orgulho, mudar ou traçar novamente seus planos, de modo que a visão seja mais bem implementada.[5]

Considere, também, o apóstolo Paulo, em 2 Coríntios. Ali, ele se defende das acusações de crentes de Corinto que estavam desafiando sua liderança e criticando-o por não ser um superapóstolo, ser fisicamente fraco e ter um discurso desprezível. Como Paulo reagiu a essas críticas, no capítulo 10? Ele se refugia em Cristo. No versículo 7, Paulo disse: "Se alguém confia em si que é de Cristo... *também nós o somos*". Ele se identifica com a pessoa de Cristo e sua obra, de acordo com as Escrituras e sua própria experiência. Em seguida, Paulo se esforça para trazer todo pensamento cativo à obediência de Cristo. Por fim, ele submete todas as suas fraquezas às mãos de Deus, aceita essas fraquezas e confia que Deus o usará como um cântaro quebrado que deixa a luz do evangelho resplandecer por seu intermédio. Façamos o mesmo.[6]

CONSIDERE O AMOR

Ame aquele que o critica. Por amor a Cristo, torne-se mais familiarizado com aqueles que o criticam. Você não pode amar alguém, se não o conhece. Procure entendê-los. Dê-lhes certeza de que você quer aprender deles e que deseja ser um ferro que afia outro ferro. Agradeça-lhes porque o criticaram de maneira direta.

Esteja disposto a perdoar qualquer injúria cometida contra você. Deixar de perdoar manterá viva a mágoa. Arruinará a sua pregação, prejudicará o seu ministério e obstruirá a sua vida de oração. Como disse Spurgeon: "A menos que você perdoe os outros, você lê a sua própria sentença de morte, quando repete a oração do Pai Nosso. Perdoe e esqueça. Quando você sepulta um cão morto, não deixa a ponta do rabo fora da terra".

Ore *com* aquele que o critica. Se ele o visita, sempre comece a visita com oração e peça-lhe que a termine com uma oração, a menos que ele ainda esteja ressentido no final da visita. (Se for uma mulher ou uma criança, você deve fazer a oração de encerramento da visita.) Tenha cuidado para orar a Deus e não contra a pessoa que o critica. Ande a segunda milha, pedindo ao Senhor que o perdoe e o ajude a mudar em qualquer área que precise de perdão e mudança. Seja tão específico quanto possível. Ore com integridade e humildade.

Depois, ore por ele em particular. É difícil manter ressentimento por uma pessoa em favor de quem oramos. O Senhor libertou Jó de seus graves sentimentos contra seus amigos judiciosos, quando Jó orou por eles. Orar por aqueles que o difamam produz paz na mente e liberdade da maioria das tristezas que acompanham o criticismo.

Tenha compaixão daquele que o critica negativamente. Quão infeliz é essa pessoa! Que danos causam a seus filhos os adultos que são habitualmente críticos! Quão raramente os filhos de pais críticos se tornam filhos e filhas resolutos da igreja! Quão trágico é ser um pai que faz "tropeçar a um destes pequeninos"! Pais críticos terão muito pelo que prestarão contas no Dia do Juízo! Agradeça a Deus por que você é o receptor da crítica, e não o promotor dela.

Isso também ocorre somente pela graça de Deus, pois nosso coração natural não é melhor, nem diferente.

Por último, lance fora qualquer coisa que iniba o amor; como Pedro escreveu: "Despojando-vos, portanto, de toda maldade e dolo, de hipocrisias e invejas e de toda sorte de maledicências" (1 Pe 2.1). Mostre bondade e atenção. Considero muito importante aquilo que alguém me disse há algum tempo: "A melhor maneira de conseguir atenção de nosso pastor é tornar-se um inimigo dele".

Há outro lado benéfico para você também. Você descobrirá que, ao servir amavelmente àquele que o critica, em vez de retaliar com ressentimentos, suas mágoas curarão rapidamente. Se aquele que o critica rejeita suas tentativas de servi-lo, procure servir a outros — console os necessitados, levante os caídos e ampare os fracos. Isto será uma terapia excelente para você.

CONSIDERE UMA VISÃO DE LONGO PRAZO

Nenhum presidente americano foi tão respeitado e, ao mesmo tempo, tão injuriado como Abraham Lincoln. Milhares se opunham às suas opiniões sobre a guerra e a escravidão, bem como às suas tentativas de manter a nação unida. Um dia, um amigo puxou Lincoln para o lado e lhe disse que o criticismo assumira tal proporção, que era como se ele estivesse cercado por inúmeros cães ladradores. Lincoln respondeu: "Você sabe que durante os dias da lua cheia os cães latem e latem para a lua, enquanto ela é claramente visível no céu". Admirado com essa resposta, o amigo de Lincoln perguntou: "O que você quis dizer? Qual é o resto da história?" Lincoln respondeu: "Não há nada mais a dizer. A lua continua a brilhar".

Você percebe: Lincoln acreditava que estava certo e que, a longo prazo, suas políticas venceriam os críticos e unificariam a nação. Como pastores, podemos hesitar facilmente sob a pressão de membros que fazem muito barulho, quando sabemos que estamos certos. Para obtermos paz temporária com um pequeno grupo de membros descontentes, somos propensos a abandonar nossa visão bíblica de longo prazo que resplandece em nossa igreja e ministério, como uma lua cheia. Não faça isso. Não se deixe intimidar por críticas e pelos críticos. Não permita que algumas críticas o force a seguir os moldes delas, de modo que você tenha uma vida tímida e hesitante, não fazendo nada, não dizendo nada e (o que é pior) não sendo nada. Não desanime, nem desista.

Lembre-se: o temor da crítica é uma ameaça maior do que a própria crítica. Quando você sentir o temor do homem, deixe que o temor de Deus o impulsione para frente e para o alto. Retenha a sua visão de longo prazo, por temer a Deus, e não o homem. Theodore Roosevelt disse: "Não é o crítico que é importante, nem o homem que ressalta como o homem forte tropeça ou onde o realizador de obras poderia ter feito o melhor. O crédito pertence àquele que está realmente na arena, aquele cuja face está suja pela poeira, suor e sangue, aquele que se esforça valentemente, que erra e, repetidas vezes, fica aquém do padrão".

CONSIDERE A ETERNIDADE

No outro lado do Jordão, nosso fiel Salvador nos aguarda. Ele nunca permitirá que afundemos. Ele nos ama, embora saiba tudo a nosso respeito. E nos levará para que estejamos para sempre onde Ele está. Limpará de nossos olhos toda lágrima e se mostrará como um amigo mais chegado que um irmão. Todos os erros serão corrigidos. Todas as injustiças serão julgadas. Todas as críticas passarão. Todo o mal ficará fora do céu, e ali haverá todo o bem.

Por causa de Jesus Cristo, desfrutaremos de amizade e intimidade perfeitas com o Deus trino, sempre conhecendo, amando e tendo comunhão com o Pai, o Filho e o Espírito Santo. Assim como uma mãe que, abraçando seu recém-nascido, esquece as dores do parto, você esquecerá todas as provações de seu ministério quando chegar à presença de Emanuel.

No céu, haverá perfeita unidade. Teremos comunhão com os anjos eleitos e com os santos de todas as épocas, em absoluta perfeição. Não haverá denominações, divisões, discordâncias, mal-entendidos, argumentos teológicos, ignorância. Não haverá a menor diferença entre os santos. Lutero e Calvino concordarão plenamente em todos os pontos de doutrina. Seremos um, assim como Cristo é com o Pai, e o Pai, com Ele. Nossos irmãos críticos nos aceitarão, e nós, a eles. Haverá uma unidade completa, perfeita, visível e íntima.

Três grandes verdades se tornarão realidades perfeitas para nós: primeira, entenderemos que todo criticismo que recebemos neste mundo foi usado, nas mãos de nosso Oleiro, a fim de preparar-nos para a terra de Emanuel. Segunda, veremos plenamente que todas as críticas, as quais Deus nos chamou a suportar neste mundo, eram apenas aflições leves, quando comparadas com o peso da glória que nos aguarda. Terceira, no céu seremos mais do que recompensados por toda aflição que suportarmos na terra por amor de nosso melhor e mais perfeito Amigo, Jesus Cristo.

Oh! feliz o dia em que esta mortalidade vestirá a imortalidade e esta corrupção, a incorrupção, e estaremos para sempre com o Senhor! Permitamos que todo o criticismo que nosso soberano Deus, em sua infinita sabedoria, nos chama a suportar nesta vida, nos torne mais saudosos da terra de Beulá, onde não há criticismo e o Cordeiro é toda a sua glória. Ali,

A noiva contempla não as suas vestes,
E sim a face de seu querido Noivo.
Eu não contemplarei a glória,
E sim a graça de meu Rei;

Não a coroa que Ele me dará,
E sim a sua mão traspassada.
O Cordeiro é toda a glória
Da terra de Emanuel.

⁕

DESENVOLVA UMA ATITUDE POSITIVA

Temos uma visão positiva do ministério? Temos a mais importante e significativa vocação do mundo. Meu pai costumava dizer: "Sua vocação é mais importante do que viver na Casa Branca". Nunca temos de acordar pela manhã e perguntar se nosso ministério é uma carreira digna. Como afirmou Richard Baxter: "Não trocaria a minha vida por qualquer das maiores dignidades da terra. Estou contente em consumir meu corpo, sacrificar e gastar para o serviço de Deus tudo o que tenho, bem como em gastar a mim mesmo em favor da alma dos homens".

Somos embaixadores do Rei dos reis e temos a promessa de que sua Palavra não retornará para Ele vazia (Is 55.10-11). Cristo é nosso intercessor à direita do Pai; e o Espírito Santo é o Advogado em nosso coração. Deus não permitirá criticismo além da graça que Ele nos dá, para suportá-lo (1 Co 10.13). Todas as críticas, assim como outras dificuldades, cooperarão, eventualmente, para o nosso bem (Rm 8.28).

Acabe com sua murmuração mundana. Conte suas bênçãos. Persevere no bom combate da fé. Você tem as melhores garantias nesse combate — as promessas de Deus; o melhor dos advogados — o Espírito Santo; o melhor dos generais — Jesus Cristo; e o melhor dos resultados — a glória eterna. Siga o conselho de Fred Malone: "Temos de parar de esperar que as pessoas reajam adequadamente, tornando-as nossos deuses da morte e da vida. Isto é idolatria: viver e morrer motivados pelo comportamento dos membros de nossa igreja. Paulo disse: 'Segundo a misericórdia que nos foi feita, não desfalecemos'. O conforto da misericórdia recebida da parte de Deus é uma motivação duradoura que tenho encontrado para continuar trabalhando em meio à provação".[7]

"Restabelecei as mãos descaídas e os joelhos trôpegos; e fazei caminhos retos para os pés" (Hb 12.12-13). Para cada vez que você olhar para si mesmo e suas circunstâncias, olhe dez vezes para Cristo, conforme aconselhou Richard Baxter. Você pode começar a queixar-se quando você tiver dado a Cristo o equivalente ao que Ele já lhe deu. Fortaleça o seu entendimento e permaneça firme, pois o seu Salvador é maior do que Apoliom e os tempos. Aquele que o enviou não o abandonará. Guarde firme a sua confissão - mesmo quando os amigos o abandonarem – apegando-se firmemente ao seu Sumo Sacerdote, que está unido a você. Confie nEle. Ele é o Amigo mais chegado que um irmão. Ele nunca o deixará. Não ponha sua confiança em príncipes ou em um mundo caído e corruptível, e sim no Príncipe da Paz. Olhe para Cristo. Dependa de Cristo. Ore a Cristo. Pregue a Cristo.

Ponha novamente as suas mãos no arado, apesar de suas fraquezas e mágoas. "Continue, com zelo dobrado, a servir o seu Senhor, mesmo quando não houver nenhum resultado visível", aconselhou Spurgeon.[8] Ore mais e olhe menos para as circunstâncias. "Não enterre a igreja, antes que ela esteja morta", disse John Flavel. Eu acrescentaria: "Não enterre a você mesmo e a igreja, antes que você e ela estejam mortos". Creia na promessa que Cristo fez aos seus servos: "Toda arma forjada contra ti não prosperará; toda língua que ousar contra ti em juízo, tu a condenarás; esta é a herança dos servos do SENHOR e o seu direito que de mim procede, diz o SENHOR" (Is 54.17).

Capítulo 19

Sua pregação

"Atendei por vós" é uma grande tarefa. A isso, o apóstolo acrescentou: "...e por todo o rebanho" (At 20.28). Como homens que terão de "prestar contas" (Hb 13.17), somos chamados a pastorear aqueles que estão sob nosso cuidado. Temos de ser sinceramente interessados em que conheçam a Cristo e cresçam na graça. Devemos orar por eles com dedicação, em particular; pregar-lhes a Palavra e aconselhá-los em seus lares.

Seus títulos

De maneira proveitosa, as Escrituras nos atribuem vários títulos que descrevem nosso papel, a fim de que possamos usar nosso tempo e energias para atender às necessidades do rebanho. Se tomarmos esses títulos com seriedade, não teremos tempo nem energias para cumprir nosso ministério de maneira negligente e mundana.

1. Seja um *bispo* do rebanho (At 20.28; 1 Pe 5.1-3), cuidando e velando pelas almas de todo o rebanho, salvos ou perdidos. Alimente e guie a igreja de Deus, que Cristo comprou com o seu sangue. Mostre-lhes o que significa uma vida santa.

2. Seja um *semeador* da Palavra (Sl 126.5-6; Mt 13.3). Na dependência do Espírito, trabalhe com vigor a fim de preparar o solo do coração das pessoas, plantar nele a boa semente, regar e alimentar as plantas da graça e trazer a seara à maturidade.
3. Seja um *servo* de Cristo entre o seu povo, exercendo o ministério por amor a Cristo (2 Co 4.5). Faça o que estiver ao seu alcance para que a causa de Deus avance. Seja fiel às responsabilidades de cada dia. Receba instruções de seu Senhor e siga-as por obediência, tornando-se tudo para com todos, dentro dos limites estabelecidos pelas Escrituras.
4. Seja um *embaixador* de Cristo. Nosso Rei nos manda negociar tratados de paz entre Ele e os que vivem em inimizade com Ele. As palavras de 2 Coríntios 5.20 devem arder em nossa alma: "Somos embaixadores em nome de Cristo, como se Deus exortasse por nosso intermédio. Em nome de Cristo, pois, rogamos que vos reconcilieis com Deus". Cumpra a sua missão publicando prelúdios de paz e salvação (Is 55.1-7), insistindo sobre a necessidade de arrependimento como um pré-requisito para o perdão, sobre a fé como único caminho para Cristo, sobre a santidade como o fruto essencial da salvação. Pregue com paciência, recordando como você demorou a crer. Pregue com urgência, como um "homem moribundo falando a homens que estão às portas da morte".
5. Seja *mordomo* da casa e dos mistérios de Deus (1 Co 4.1-2; Tt 1.7). Deus lhe confiou o ministério das ordenanças e da Palavra. Sendo um bom mordomo desses meios de graça, ministre-os com instruções, consolações, admoestações, advertências e disciplina àqueles que lhe foram confiados.
6. Seja um *prudente construtor* no templo de Deus (1 Co 3.10). Tendo a Cristo como seu alicerce e pedra angular, trabalhe com o ouro, a prata e as pedras preciosas do verdadeiro serviço de

Deus, e não com a palha e o feno das obras que não suportarão o julgamento de fogo.
7. Seja um *atalaia* (Ez 33.2-9) nas muralhas de Jerusalém. Não clame paz a pecadores impenitentes; pelo contrário, soe o alarme a um mundo culpado. Trabalhe para manter-se limpo do sangue de todos os homens, por meio da pregação fiel, para que possa salvar a si mesmo e aqueles que o ouvem. Lembre que o mundo, Satanás e sua própria carne estão aliados contra você. Vista toda a armadura de Deus, crendo nEle para dar-lhe forças. Suporte as aflições como bom soldado no exército de Deus. Termine a obra que o Senhor lhe confiou.
8. Acima de tudo, seja um *pregador* da Palavra (1 Tm 2.7; 2 Tm 4.2). Alimentar o rebanho significa, antes e acima de tudo, *atentar à sua pregação*.

Pregação eficaz

Hoje, muitos pastores comprometem a verdade de Deus tanto no que pregam como naquilo que toleram na adoração. Você não precisa de humor ou de ilustrações mundanas para sustentar a sua mensagem. Como disse Richard Baxter: "Você não pode quebrar o coração dos homens contando piadas para eles. E Satanás não será banido de sua possessão. Temos de sitiar as almas dos pecadores e lançar contra eles a companhia das ordenanças de Deus".[1]

Mantenha a dignidade do púlpito e da adoração de Deus. Os membros de sua igreja não vêm aos cultos para obter entretenimento. Eles vêm para ouvir a Palavra de Deus. Dê-lhes a Palavra. Você tem de pregar somente as palavras de Deus. Essa é a razão por que as pessoas ouvem o que temos a dizer-lhes. Elas não vêm porque você tem idéias profundas e geniais para contar-lhes. A única coisa que importa é o que Deus disse. Essa é nossa solene e simples tarefa. Como Martinho Lutero disse: "Quando o pregador fala, Deus fala!

Quem não pode se orgulhar disso deve abandonar a pregação, pois está negando e blasfemando a Deus".

Tente penetrar a mente de Deus revelada nas Escrituras. Essa é uma tarefa árdua, que envolve oração fervorosa, bem como as árduas tarefas da exegese: estabelecer a etimologia das palavras, definir as características gramaticais, conhecer bem o contexto histórico e cultural da passagem bíblica e se afadigar sobre pontos que expressam seu significado. Ore, estude, medite e lute com as palavras de Deus. Com todo o seu empenho, procure esclarecer a mente de Deus para o seu rebanho, fazendo isso com tal clareza que até as crianças o entendam.

Seja um estudante da Palavra de Deus. Examine-a, ame-a, incorpore-a e pregue-a. Permita que a Palavra de Deus exerça seu domínio em você, para que você a conheça bem. Permita que ela o molde, sob a tutoria do Espírito, de modo que você molde as pessoas por meio da verdadeira pregação da Palavra.

Quando você estiver devidamente preparado, pregue-a com autoridade. Pregue-a de modo bíblico, doutrinário, prático e experiencial. Pregue a morte em Adão e a vida em Cristo. Almeje persuadir aqueles que o ouvem, reconhecendo que o Espírito Santo os convencerá por meio da pregação da Palavra de Deus. Labute para trazer os pecadores a Cristo. Tenha o alvo de edificar os filhos de Deus. Diga aos justificados em Cristo que tudo está bem com eles; advirta aos não-salvos que eles serão punidos eternamente, se não se arrependerem e crerem no evangelho.

Embora a pregação da Palavra pareça algo tolo e frágil, Deus a usa para salvar pecadores e preparar seu povo para a glória. Cristo dedicou-se à pregação, nas casas, nas sinagogas, no templo, ao ar livre, no topo das montanhas, nas planícies e, até, em meio às ondas revoltas do mar da Galiléia. Ao fazer isso, Ele consagrou todo o mundo como um campo de pregação. Paulo e todos os apóstolos também foram chamados a pregar, pois Cristo lhes disse: "Ide por todo o mundo e pregai o evangelho".

Pregar é a tarefa mais importante de nosso ministério. É importante visitar os enfermos, ensinar as crianças, liderar reuniões administrativas, aconselhar os interessados e escrever livros, mas a obra mais importante é pregar a Palavra. Pregue a Lei para advertir os não-salvos e orientar os salvos; pregue o evangelho para trazer os não-salvos à fé no Senhor Jesus Cristo e edificar os salvos em sua fé. Que o púlpito seja a sua torre de vigia, seu trono e sua alegria.

Focalize sua pregação em Cristo. Acautele-se de entretenimento, novas técnicas, frases de efeito, truques e brincadeiras. Siga o exemplo de Paulo, que disse aos crentes de Corinto: "Porque decidi nada saber entre vós, senão a Jesus Cristo e este crucificado" (1 Co 2.2). Esse apóstolo, que afirmava pregar todo o desígnio de Deus, também afirmava pregar somente a Cristo. Isto significa que *pregar todo o desígnio de Deus é pregar a Cristo*.

Paulo não disse apenas que Cristo era o seu principal foco; ele disse que Cristo era seu *único assunto*. Evidentemente, Cristo era o centro da mensagem de Paulo e seu assunto primário. Contudo, mais do que isso, Paulo disse: "Cristo é a totalidade e o conteúdo de tudo o que eu prego". À parte de Cristo crucificado, não existe nada de valor semelhante sobre o que podemos falar.

Hoje, dividimos a teologia em categorias: cristologia, pneumatologia, eclesiologia, soteriologia, escatologia e assim por diante. Isto é bom para o estudo teológico. Mas, no caso de Paulo, a cristologia era o assunto sob o qual enquadravam-se todos os demais. Tudo que cremos e possuímos está relacionado a Cristo. Ele é o nosso único tema. Cristo é a resposta para todos os problemas do mundanismo. Assim, Paulo diria: "Ele é tudo que eu prego. Cristo é a totalidade e essência de meu ministério. Ele é a única esperança do homem, sim, e muito mais. Cristo é o nosso maior incentivo à santidade".

Temos as palavras da vida eterna, que nos foram entregues pelo próprio Cristo (Jo 6.68). O valor inerente e o significado dessas palavras falam por si mesmos. Elas não precisam do embelezamento ou da arte de nossos pensamentos e artifícios perspicazes.

Temos de pregar a Cristo com amor. Thomas Boston disse: "Temos de pregar a Cristo para que vocês se apaixonem por Ele". Isto é o que nossas igrejas ouvem de nossos lábios. Pregamos com afeição, como Paulo, que se dirigiu as crentes da Galácia nestes termos: "Meus filhos, por quem, de novo, sofro as dores de parto, até ser Cristo formado em vós" (Gl 4.19)?

Temos de pregar a Cristo com expectativa. Há pessoas perdidas em sua congregação? Se você quer que elas sejam convertidas, então você deve pregar como a pessoas que têm de ser despertadas aqui ou no inferno" — disse Baxter.[2] Você deseja que elas cresçam na graça? Então, siga o conselho de Thomas Brooks: "Os pastores devem pregar a Cristo com emoção, experiência pessoal e exemplo. Eles têm de sentir, em sua própria alma, a dignidade, o valor e a doçura dessas coisas, para que as transmitam aos outros. É somente o pregar a Cristo que muda o coração. Isto é o que une Cristo à alma e os mantém juntos".[3]

No seu primeiro sermão no Tabernáculo Metropolitano de Londres, Spurgeon disse: "Quero propor que Jesus Cristo e sua obra sejam o assunto do ministério deste púlpito, enquanto este púlpito existir e esta casa for freqüentada por adoradores". Quinze anos depois, ele disse aos seus alunos de teologia: "Não tenho pregado outro assunto, senão este nome. Irmãos, esse é o imã; Ele trará a si mesmos os seus. Se clamamos por conversões, esta tem de ser a nossa pregação — a pregação mais freqüente de Cristo. Ele precisa estar em todos os sermões; tem de ser o alicerce e o ápice de toda a teologia que pregamos".[4]

Tenha o cuidado de pregar a Cristo. Isso guardará do mundanismo tanto a você como ao seu rebanho e promoverá a piedade.

Capítulo 20

SEU PASTOREIO

Todos títulos que as Escrituras atribuem aos pastores estão incluídos nos parâmetros das exortações de Paulo concernentes ao cuidado de todo o rebanho. Contudo, o nosso título mais claro e abrangente é o de pastor (Ef 4.11). Paulo menciona isso especificamente em Atos 20.28: "...para pastoreardes a igreja de Deus..."

As ovelhas são criaturas singulares. Estão entre as criaturas mais dependentes e mais insensatas da terra. São propensas a se desviar. Deixam os pastos ricos por pastos secos, não sendo capazes de achar o caminho de volta. E têm vontade obstinada, a ponto de resistir àquelas pessoas e medidas que serviriam aos seus melhores interesses.

Sem a orientação de um pastor, as ovelhas se destruirão de uma maneira ou de outra. Sem um pastor, as ovelhas não podem alimentar a si mesmas, defender-se de ataques ou curar a si mesmas, quando feridas. Sem o pastor, as ovelhas não podem fazer nada.

Pastorear a igreja de Deus é uma tarefa que nos causa admiração. O Salmo 23 ressalta o que temos de cultivar como pastores:

- Um *coração* que pulsa com amor incondicional pelo rebanho de Deus.

- Uma *mão* para guiar as ovelhas de Deus nos caminhos da justiça e conduzi-las para longe do pecado.

- Um *olho* para guardar nossas ovelhas dos predadores e detectar os desvios delas.

- Um *ouvido* para escutar os seus clamores de tristeza.

- *Conhecimento* para reconhecer suas enfermidades, alegrias, pesares, forças e fraqueza.

- *Habilidade* para levá-las aos verdes pastos que satisfazem suas necessidades e lhes dão o remédio correto para as suas doenças.

- *Fidelidade* para permanecermos com elas em tempos de necessidade.

- *Força* para usar o bordão da Palavra de Deus, a fim de discipliná-las e trazê-las de volta ao caminho certo, e usar o cajado para animá-las em dificuldades, mostrando-lhes sempre o Bom e Sumo Pastor, Jesus Cristo.[1]

Todas essas qualidades pastorais podem ser destruídas por um espírito mundano. Como você pode fortalecer a ovelha fraca, ferida e aflita, se o seu coração se apega às riquezas do mundo? Como você pode recuperar a ovelha desgarrada, se você mesmo está se desviando para o mundo? Como você pode conhecer as fraquezas, tentações, fortalezas e dons do rebanho, se você ama as coisas deste mundo mais do que o povo de Deus?

Charles Bridges, em seu livro *Christian Ministry* (Ministério Cristão), adverte que grande medida de nossa ineficiência como pastores se deve ao mundanismo em nós. Pastores mundanos deixam as ovelhas passar fome, ao invés de alimentá-las. Entre os perigos do mundanismo estão o profissionalismo, a insensibilidade, um ministério focalizado no prazer, a frivolidade e indiferença.

O MUNDANISMO PROMOVE O PROFISSIONALISMO

O mundanismo transforma o ministério em uma carreira, um simples trabalho. Pregar, evangelizar, aconselhar e visitar não são mais realizados sob o constrangimento da chamada divina. As tarefas ainda são cumpridas, mas de modo rotineiro e obrigatório, destituídas do senso da chamada do Espírito Santo.

Ministros profissionais se alimentam, freqüentemente, do profissionalismo. Amam o que Spurgeon chamou de "ministerialismo", mais do que o próprio ministério. São "pulpiteiros", e não pregadores; atores, e não aplicadores da Palavra; egocêntricos, e não teocêntricos. Confiam em suas próprias habilidades, em vez de olharem para Cristo e o seu Espírito. No final, o profissionalismo deles arruinará o rebanho, pois as ovelhas precisam de um pastor pessoal e cuidadoso.

Não devemos pensar em nossas igrejas como locais de trabalho e em nossas ovelhas como casos. Pelo contrário, devemos pensar em nossas igrejas como hospitais em que pessoas feridas acham cuidado amável e gentil. À semelhança de Jesus, temos de sofrer com nossas ovelhas. Podemos evitar o abismo do profissionalismo somente por amarmos o Senhor da igreja, seu povo, e a obra para qual Ele nos chamou. Como disse Spurgeon: "Nunca salvaremos mais, se não amarmos mais".[2]

Considere também o que Horatius Bonar disse a respeito do profissionalismo: "O amor está em falta, o amor profundo, forte como a morte, o amor que fez Jeremias chorar, em lugares secretos, por causa do orgulho de Israel. No pregar e no visitar, no aconselhar e no corrigir, que formalidade, que frieza, quão pouca ternura e afeição!"[3]

O MUNDANISMO PROMOVE A INSENSIBILIDADE

No ministério, o pastor se desenvolve e cresce ou decai e se torna insensível. Não importa quão treinado e experimentado seja o pastor, ele tem de continuar crescendo espiritual e intelectualmente. O mundanismo obstrui esse crescimento. Impede os pastores de viverem na margem de crescimento.

O apóstolo Paulo almejava nunca parar de crescer. Enquanto esteve na prisão, esperando a execução, Paulo pediu a Timóteo que lhe trouxesse "os livros, especialmente os pergaminhos" (2 Tm 4.13), para que continuasse seus estudos.

Uma das maneiras de evitar a insensibilidade é trabalhar em vários níveis. Por exemplo, ensine e escreva, abaixo de seu nível, para o ministério de crianças. E, ao mesmo tempo, pregue, ensine e escreva em seu nível atual. Depois, cresça e se desenvolva estudando material acima do seu nível. Hoje, temos oportunidades ilimitadas de crescimento. Temos bibliotecas pessoais com grande acervo, a internet, seminários, conferências e inúmeros outros recursos.

Não podemos nos dar ao luxo de desperdiçar nosso tempo ou ceder à ociosidade. Temos de orar muito, meditar freqüentemente e estudar com dedicação. Devemos ler os melhores livros e aprender como usá-los com proveito. Devemos organizar cada hora de nosso tempo, mantendo-nos flexíveis para atender às necessidades de nosso povo. Devemos lembrar estas três atitudes: *jogar fora* papéis desnecessários; *delegar* o que pudermos e *lidar* com cada item somente uma vez.

O diário de George Whitefield informa que ele estava de joelhos chorando por haver desperdiçado trinta minutos de um dia. Todo pastor deve estar pronto a dizer como Napoleão: "Posso perder batalhas, mas ninguém me verá perdendo minutos, quer por excessiva confiança, quer por preguiça". Já observamos que refrescar a mente e o corpo com descanso oportuno e recreação saudável não é desperdício de tempo. Na opinião dos teólogos de Westminster, o Sexto Mandamento exige que façamos uso moderado e "sóbrio da carne, da bebida, dos medicamentos, do sono, do labor e das recreações" (*Catecismo Maior*, Perguntas 135-136).

Com tantas oportunidades para o ministério, não temos desculpas para a ociosidade. Confessemos como Horatius Bonar: "Horas e dias preciosos têm sido desperdiçados em indolência, companhias, prazeres, leitura inútil e sem propósito; horas e dias que poderiam ter sido dedicados ao quarto particular, ao escritório ou ao púlpito. Indolência, comodismo, leviandade e satisfação carnal têm devorado como câncer o nosso ministério, obstruindo a bênção e frustrando nosso sucesso".[4]

O MUNDANISMO PROMOVE UM MINISTÉRIO FOCALIZADO NO PRAZER

Quando um pastor fala mais sobre esportes do que sobre Cristo, gasta mais tempo com um jornal do que com a Bíblia, mais tempo navegando na internet do que em oração, mais tempo acumulando bens materiais do que promovendo o bem-estar das almas de seu rebanho, sua busca por prazer destruirá seu ministério. No fim das contas, o homem que se focaliza mais nos prazeres temporais do que em disciplinas piedosas talvez sucumba ao alcoolismo, ao adultério ou a algum outro tipo de pecado da carne. Em todo caso, as ovelhas saem perdendo. Podemos esperar que o nível de santidade do rebanho será mais elevado do que o nível de santidade do seu pastor terreno?

Devemos evitar toda forma de materialismo. Nossas casas, carros, móveis, bens e roupas não devem se tornar fins em si mesmos.

Não é lícito a um pastor andar atrás de coisas vãs. Se pregamos aos membros de nossa igreja que eles não podem colocar seu coração nas coisas terrenas, enquanto nosso estilo de vida mostra que nós mesmos fazemos isso, nosso ministério perde a credibilidade.

Nossa conversa diária não deve se focalizar demais nas coisas terrenas. Se dizemos às pessoas que "a boca fala do que está cheio o coração", e nossa conversa se centraliza mais nos interesses e nas coisas terrenas do que em nossa herança celestial, nosso ministério perde a credibilidade. Qualquer coisa que dizemos ou fazemos que coloca o prazer terreno em primeiro lugar e o serviço a Deus em último lugar, tal coisa destrói a eficiência de nosso ministério.

O materialismo é perigoso porque é a prática da cobiça. A cobiça nos domina a partir do íntimo. É como um dilúvio que rompe os diques de nosso coração e inunda nossa alma, causando destruição. A cobiça esquece que a felicidade não consiste de *coisas,* e sim de *pensamentos*. Não permita que o dinheiro, os bens e os desejos carnais se tornem mais importantes para você do que a utilidade para Deus e seu povo. Essa cobiça o esvaziará e o diminuirá. Tornará azedo o seu gosto pelo ministério.

Deus odeia a cobiça porque ela O exclui, insulta-O e nos insensibiliza. Irmãos e colegas de ministério, crucifiquemos a cobiça e andemos de modo digno de nossa vocação. Não pensem no ministério em termos de salário, e sim de investimento espiritual que oferece dividendos eternos. À semelhança de Paulo, aprendamos a ser humildes e a transbordar de contentamento.

Como escreveu Halph Turnbull: "O pastor é um tolo neste âmbito e em outros, mas ele deve saber que não precisa cobiçar os bens de qualquer homem, nem sua biblioteca, nem sua igreja, nem seu salário, nem sua popularidade, pois, com nossas oportunidades limitadas e recursos escassos, podemos, em submissão a Deus, ser ricos no espírito do sacrifício da cruz".[5]

Não cobice dons de nenhum homem. Use os talentos que Deus lhe deu. Quando Robert Murray M'Cheyne visitou Israel, Deus usou William Burns para desencadear um avivamento na igreja de M'Cheyne. Este ficou tão feliz pelo avivamento, como se ele mesmo o tivesse conduzido. Ele se alegrou com os dons de Burns. M'Cheyne seguiu o caminho mais excelente de Deus, em vez de cobiçar os caminhos deste mundo. "Nada façais por partidarismo ou vanglória, mas por humildade, considerando cada um os outros superiores a si mesmo" (Fp 2.3).

Finalmente, não cobice mulheres, especialmente a esposa de outrem. Ande prudentemente. Ore todos os dias para ser guardado da tentação. Dependa do poder do Espírito. Agradeça-Lhe por preservá-lo, ao remover o desejo quando a tentação se manifestou e ao remover a tentação quando o desejo se manifestou.

Um conselho prático: não visite uma mulher que não seja, pelo menos, vinte anos mais velha do que você, sem que outra pessoa esteja na casa ou na área do escritório. Recuse envolver-se em qualquer tipo de flerte. A melhor maneira de evitar a cobiça é cultivar um relacionamento excelente com sua esposa e demonstrar sua dedicação sincera para com ela. Poucas mulheres tentarão flertar com você, quando percebem quão dedicado você é para com sua esposa.

Pense nestas palavras de Isaías: "Purificai-vos, vós que levais os utensílios do SENHOR" (Is 52.11). E lembres esta oração de um pastor:

Quero ser verdadeiro, pois há os que crêem em mim;
Quero ser puro, pois há aqueles que se importam;
Quero ser forte, pois há muito a sofrer;
Quero ser corajoso, pois há muito a enfrentar.

Recorde também o que Jesus disse aos seus discípulos: "Vigiai e orai, para que não entreis em tentação" (Mt 26.41). É como se Jesus tivesse dito: "Treinei vocês, que testemunharam meu exemplo. Mas não pensem que, por haverem estudado no melhor seminário da terra, vocês estão imunes à tentação. Vigiem e orem".

Vigilância, oração, leitura diária das Escrituras são os melhores antídotos para a tentação. Dentre os pastores que mantêm essas disciplinas espirituais, poucos têm caído. Guarde no coração esta advertência de Abraham Booth: "Embora eu tenha desfrutado, entre pessoas religiosas, de mais estima do que eu tinha motivo de esperar; apesar disso, é possível para mim, em um simples momento de tentação, destruir meu caráter, arruinar minha utilidade entre as pessoas e fazer com que os meus mais queridos amigos em Cristo sintam vergonha de me conhecer. Sustenta-me, Senhor, e estarei seguro!"[6]

O MUNDANISMO PROMOVE A FRIVOLIDADE

Pastores que não têm prudência e não transmitem qualquer atitude de seriedade em relação à vida, ao julgamento por vir e à eternidade, criam ao redor de si mesmo uma atmosfera que sufoca o temor de Deus. Eles instilam em seus congregados uma atitude de complacência e indiferença, deixando-os apáticos e inconscientes quanto à aproximação do perigo.

Existe um lugar para o humor no ministério, especialmente em conversas pessoais. Não se espera que um pastor seja desagradável, enfadonho e anti-social. Mas o humor tem de ser mantido em seus limites. E nunca deve degradar-se em algo insinuante ou indecente (Ef 4.29; 5.12). Conversa séria e espiritual tem de ser o âmago de toda visita que fizermos. E toda visita tem de ser temperada com oração. Seja como James Hervey, que resolveu "nunca ir com alguém a um lugar em que ele não pudesse ter acesso ao seu Senhor".

Considere o que Thomas Boston disse: "Quando, em qualquer ocasião, você estiver na companhia de pessoas, permita que seus lábios exalem um pouco do perfume do céu. Aprenda a química celestial de extrair coisas espirituais de coisas terrenas. Oh! que vergonha é para você assentar-se com pessoas, levantar-se e sair com elas e não falar nenhuma palavra sobre Cristo".[7]

Se a nossa conversa não for governada por sobriedade piedosa e amável, o espírito de conversa mundana prevalecerá inevitavelmente. E a conversa mundana é dominada, como disse Charles Bridge, "por temor do homem, satisfação carnal e incredulidade prática". Não há qualquer benefício em multiplicar palavras sem conhecimento (Jó 35.16). Não podemos edificar aqueles que nos foram confiados, se conversamos com eles apenas coisas do mundo. Desonraremos o Espírito por deixarmos de falar sobre a sua obra na alma; e não devemos ficar surpresos quando, no devido tempo, qualquer exigência por conversa e viver espiritual for ridicularizada como legalismo.

O MUNDANISMO PROMOVE A INDIFERENÇA

À semelhança de alguns médicos que vêem os paciente como números, alguns pastores tratam as pessoas como objetos a serem manipulados, e não como almas a serem salvas. Esses pastores são deficientes em oração, preguiçosos na preparação de sermões, ineficazes na pregação e negligentes na visitação pastoral.

Recentemente, visitei uma mulher no hospital, em resposta ao pedido de um parente. Depois de visitá-la, li as Escrituras com ela, fiz um pequeno comentário e terminei com uma oração. Quando me despedi, a mulher chorou e disse: "Meu pastor também veio, mas falou mais a respeito de si mesmo e do clima do que a respeito de minha condição. Ele não leu as Escrituras, não falou sobre o Senhor, e sua oração foi curta e superficial. Você acha que ele se importa com a minha alma?"

Irmãos, se não pastoreamos nosso povo com a mente e o coração, devemos deixar o ministério. Um pastor indiferente é alguém que trabalha apenas por dinheiro e não um pastor. Horatius Bonar descreveu bem esse tipo de homem: "Associando-nos demais e muito intimamente com o mundo, temos nos acostumado com seus caminhos. Por isso, nossos gostos se tornaram corrompidos, nossa consciência, embotada, e aquela suscetível ternura de sentimentos (que, embora não fuja do sofrimento, se afasta do mais remoto contato com o pecado) tem se desgastado e dado lugar a grande medida de insensibilidade, da qual, em dias passados, não acreditávamos que seríamos capazes".[8]

"Deus salva todos os tipos de pessoas, inclusive pastores", escreveu John Kershaw, um pastor batista do século XIX. Embora o ministério tenda a isolar o pastor das atrações do mundo, um dos grandes perigos do ministério é que ele permite o pastor lidar tão freqüentemente com as coisas sagradas, que o ministério se torna banal para ele. É verdade que temos de tratar a Palavra de Deus como se ela fosse mais do que palavras de homens. Temos de aceitar as coisas santas como certas, enquanto vivemos em santidade. Devemos exortar os outros à santidade, mas podemos, como os fariseus, não mover um dedo sequer em relação a nós mesmos. Eventualmente, desempenhamos nosso ministério impelidos mais por indiferença e incredulidade do que por fé.

Tenha cuidado, pois a indiferença é fruto do mundanismo. Ela nos torna insensíveis na pregação, indolentes na visitação, irreverentes em lidarmos com as realidades eternas e remissos em todos os nossos deveres sagrados.

Não seja vencido por um espírito de mundanismo e incredulidade. Lembre-se: tudo que dizemos é filtrado pela mente das pessoas de nossa igreja. Se as informações acumuladas que elas têm a respeito de nós indicam mais mundanismo do que santidade, nossas ovelhas se sentirão famintas, mesmo ao se alimentarem de nossas mensagens.

Não podemos amar a Deus e o mundo. Não podemos servir a dois senhores. De que modo nós, pastores, podemos manter nossa integridade espiritual, nosso amor a Deus, nosso coração pastoral e nosso viver piedoso, se namoramos secretamente com o mundo? Como podemos viver como peregrinos e forasteiros, quando anelamos mais pela terra do que pelo céu?

Pastoreie o rebanho. Alimente a igreja com a Palavra; não a deixe passar fome, por causa do mundanismo. Atente ao conselho de Thomas Scott: "O pastor que não deseja que suas ovelhas se rendam à conformação com o mundo, tal como ele a desaprova, tem de manter-se a distância considerável do mundo. Se ele andar perto da beira do precipício, outros cairão ali".

Capítulo 21

SUAS CONVICÇÕES PARA VENCER O MUNDO

A sublime vocação do pastorado e a batalha contra o mundanismo podem nos levar a nos sentirmos bastante abatidos e desestimulados. Felizmente, Paulo nos dá persuasões motivadoras para perseverarmos e vencermos o mundo pela fé.

COLABORAR COM A SUFICIÊNCIA DO ESPÍRITO

Paulo aconselha: "Atendei por vós e por todo o rebanho sobre o qual o Espírito Santo vos constituiu bispos" (At 20.28). Estamos servindo como agentes do Espírito Santo, que nos chamou ao pastorado, nos equipou e nos capacitou para ele; e que age tanto em nós como nas pessoas de nossa igreja por meio do ministério da Palavra. Ele entregou suas ovelhas ao nosso cuidado. Essa foi a razão por que Paulo disse, em 2 Coríntios 6.1, que somos "cooperadores com" o Espírito de Deus.

Como podemos compreender isso? Trabalhamos lado a lado com o Espírito Santo, e não somente com os oficiais de nossa igreja. Somos agentes do Espírito Santo, cooperadores de Deus. É nosso privilégio pregar o evangelho com o Espírito Santo enviado do céu. A Palavra de Deus é, em si mesma, a espada do Espírito, e nosso ministério da Palavra é o ministério do Espírito (1 Pe 1.12; Ef 6.17; 2 Co 3.8). Tão grande honra é superior às dificuldades da obra na igreja. Digo freqüentemente à minha esposa: posso suportar grande medida de criticismo, quando vejo um pecador salvo e um filho de Deus crescendo por influência de meu ministério. Por quê? Porque as críticas se acabarão, mas a obra de Deus permanece para sempre.

John Williams sentia-se confortado mais com a conversão de uma alma a Deus, por influência de seu ministério, do que com setenta anos de educação, títulos e honras na igreja e no estado. Cotton Mather disse: "A salvação, a iluminação e a edificação de uma única alma, em qualquer tempo, deve lhe trazer mais gozo do que se você recebesse toda a riqueza de Ofir".[1] Samuel Rutherford disse que encontrar um dos membros de sua igreja, em Anworth, no céu, lhe faria o céu parecer dois céus.

Em todo o mundo, não existe nada tão humilhante como o ser usado por Deus para salvar almas do inferno e trazê-las a Cristo e à felicidade eterna. O trabalho mais importante na terra é revelar a vontade de Deus à igreja e ao mundo.

Cotton Mather escreveu: "O ministério é a mais elevada dignidade que a natureza humana é capaz de atingir aqui, neste vale terreno. Ter uma alma tão iluminada, que se torne um espelho, ou um canal, ou um transmissor da verdade de Deus aos outros é nosso privilégio". Thomas Scott disse: "Se eu tivesse mil vidas, gastaria espontaneamente todas elas [no ministério]; e, se eu tivesse muitos filhos, eu os dedicaria alegremente ao ministério".[2] Edward Payson disse que, em sua vida, houve ocasiões em que ele se alegrava muito pelo fato de que Deus o considerara digno de ser colocado no ministério, como cooperador dEle.

Se eu sou um agente do Espírito, posso dizer como Neemias disse àqueles que se opunham a ele: "Estou fazendo grande obra, de modo que não poderei descer; por que cessaria a obra, enquanto eu a deixasse e fosse ter convosco?" (Ne 6.3). Nossa obra é muito importante, e, por isso, não podemos permitir que o mundo nos distraia ou que o mundanismo a destrua.

Se tivermos o devido senso de nossa incapacidade e ineficiência para sermos cooperadores com o Espírito Santo, podemos ficar certos de que temos a ajuda dEle, capacitando-nos a viver de maneira piedosa, a mortificar o que é terreno em nós, a focalizar nossas afeições nas coisas do alto e, assim, lutarmos contra o mundanismo em nossa própria vida.

A COMPRA DAS OVELHAS POR CRISTO, O REDENTOR

Embora a dignidade de nossa obra e o seu elevado privilégio nos façam clamar, como o apóstolo Paulo: "Quem... é suficiente para estas coisas?", também podemos confessar, como ele: "Tendo este ministério, segundo a misericórdia que nos foi feita, não desfalecemos" (2 Co 4.1). Não desfalecemos por causa do ministério perseverante do Espírito em nós, fundamentado no sangue expiatório de Cristo. Paulo concluiu com esse glorioso fato a sua mensagem em Atos 20.28: "Atendei por vós e por todo o rebanho sobre o qual o Espírito Santo vos constituiu bispos, para pastoreardes a igreja de Deus, *a qual ele comprou com o seu próprio sangue*".

Nós pastoreamos a igreja porque Cristo a comprou com o seu sangue. Nosso trabalho é árduo, mas não desanimamos porque não o fazemos por nós mesmos; nós o fazemos por Cristo. Flavel nos conta que Lutero disse: "Os labores do ministério esgotarão até a medula de seus ossos, apressarão a velhice e a morte". Mas Flavel prosseguiu: "Sejam bem-vindos, dores no peito, dores nas costas, tremor nas pernas, se tão-somente nos aprovarem como servos fiéis de Cristo e nos fizerem ouvir aquelas palavras agradáveis de seus lábios: Muito bem, servo bom e fiel".

Isto nos constrange a nos engajarmos na dificuldade: Cristo comprou a igreja com o seu próprio sangue. Ele a comprou; ela é a sua noiva. Quando você se sente fatigado, e seu coração se torna frio e indiferente, atente ao que Cristo lhe diz: "Eu morri pelas ovelhas; você não cuidará delas? Elas foram dignas de meu sangue; mas não são dignas de seu tempo, lágrimas, orações e vigor?"

Pense nisso quando você ficar muito cansado de ministrar ao povo de Deus. Diga a si mesmo: "Cristo os confiou a mim ao preço de seu próprio sangue. Estes labores valem cada minuto". Anime-se, irmão. Seja humilde, tenha esperança. Trabalhe com todas as suas forças, por amor a Cristo, para a glória dEle e de sua noiva. Ame as ovelhas de Cristo, porque Ele as amou e as purificou de seus pecados, em seu próprio sangue (Ap 1.5).

Como podemos continuar no mundanismo, ao pensarmos em um Salvador como esse? Temos de seguir nossa vocação como pastores dominados pela convicção de que um dia prestaremos contas ao Supremo Pastor, que entregou sua própria vida em favor das ovelhas. Sendo nós mesmos ovelhas, precisamos trazer, diariamente, todos os nossos pecados pessoais e ministeriais ao Senhor, antecipando o dia em que nossa mortalidade será vestida de imortalidade e O serviremos na glória, sem pecado (1 Co 15). Kenneth MacRae, pastor da Igreja Livre da Escócia, proferiu estas palavras cinco meses antes de sua morte, em 1964: "Há muitos anos tenho estado no serviço do Senhor, mas nunca me cansei desse serviço. Toda a minha tristeza consistia no fato de que eu era tão pobre, tão desatento, tão desanimado e tão carente de santidade. Mas em breve eu O servirei com perfeição, sem falhas e sem erros".

GLORIFICAR O DEUS QUE ELEGE

Finalmente, vença o mundo lembrando-se que Deus será glorificado por sua igreja, incluindo todo pastor fiel. Estamos cuidando da igreja de Deus — eleita pelo Pai, desde antes da fundação do mundo, amada com amor eterno e predestinada à vida eterna. Temos de refletir esse amor eletivo de Deus em nosso amor pelas pessoas às quais ministramos. Amor pelo mundo é diametralmente oposto ao amor por Deus e pela sua igreja (1 Jo 2.5).

Tudo isso significa que, de acordo com nosso texto de Atos 20, somos chamados a "atender por" em resposta a "todo o desígnio de Deus", conforme declarado em Atos 20.27. Nossa obra, a obra do Espírito e a obra do Filho contribuirão para estabelecer uma igreja redimida como fruto do eterno amor do Pai pelos pecadores e como fruto da determinação do Pai em glorificar seu próprio nome. Pecadores serão salvos pelo sangue do Filho; o Espírito capacitará os salvos a crescerem na graça e no conhecimento do Senhor Jesus Cristo; e Deus será glorificado. Esse propósito tríplice e trinitário para o nosso ministério deve ser suficiente para nos convencer a abandonar o mundanismo e perseverar no ministério fiel.

Afinal de contas, o que é importante é a glória do Deus trino, e não a nossa. Quando Spurgeon teve de deixar a Inglaterra, depois que algumas pessoas foram mortas em *Surrey Gardens*, ele ficou bastante desanimado. O simples olhar para a Bíblia o fazia chorar. Mas Deus o confortou com Atos 5.31: "Deus, porém, com a sua destra, o exaltou a Príncipe e Salvador", mostrando-lhe que isso era tudo que importava. A resposta de Spurgeon foi: "Se Deus é exaltado, não devemos nos importar com o que nos acontece. Somos um bando de pigmeus; é correto que Ele seja exaltado. A verdade de Deus é certa: estamos perfeitamente dispostos a ser esquecidos, zombados, ridicularizados ou qualquer outra coisa que agrade aos homens. A situação está tranqüila, e o Rei está no trono. Aleluia! Bendito seja o seu nome!"

Irmãos, superemos o desânimo. Nosso pastorado serve ao Deus trino. O que mais podemos desejar? Por amor ao Deus trino, "Atendei por vós e por todo o rebanho sobre o qual o Espírito Santo vos constituiu bispos, para pastoreardes a igreja de Deus, a qual ele comprou com o seu próprio sangue" (At 20.28).

Se você já cedeu ao mundanismo e se acha tão pecaminoso para continuar no ministério, considere o que disse John Robertson, de Glasgow, que ficou tão desiludido com o ministério, que decidiu abandoná-lo. Certa manhã, ele orou: "Ó Deus, tu me comissionaste há quarenta anos, mas cometi muitos erros e fracassei. Quero resignar nesta manhã". Deus lhe mostrou que, apesar de haver errado e fracassado, Ele estava disposto a perdoá-lo. Robertson viu que Deus queria que ele "reafirmasse" e não "resignasse" sua comissão.

Essa é a vontade de Deus para você. Não resigne; *reafirme*. Você pode fazer isso da mesma maneira como os crentes desviados de Éfeso tiveram de reafirmar sua fé, quando abandonaram o primeiro amor:

- *Lembre-se* de onde você caiu;

- *Arrependa-se* de seu desvio e mundanismo;

- *Volte* ao seu primeiro amor e pratique as primeiras obras (Ap 2.5).

Não desista do Senhor. Ele não desistiu de você e de seu ministério. Sirva a este grande Deus, com fidelidade e zelo. O mundo talvez não seja digno de você, mas Deus é. Sirva ao seu Senhor com todo o seu coração e todo dom que Ele lhe deu. F. B. Meyer disse: "Não tenho dons especiais. Não sou um orador, um erudito, um pensador profundo. Se fiz algo por Cristo e por minha geração, fiz isso porque me entreguei a Cristo Jesus e, desde então, tenho procurado fazer tudo que Ele deseja que eu faça".

Siga o conselho de Spurgeon: "Seja diligente em agir". Procure oportunidades e aproveite-as imediatamente. Como pastor, alimente o seu rebanho; e, como evangelista, faça-o crescer. Seja frutífero, e multiplique, e encha a terra. "Temos de usar toda energia que pudermos para vencer as atividades incessantes do príncipe das trevas", declarou Spurgeon.[3]

Finalmente, irmão, lembre-se de que o dia de descanso eterno romperá em breve. Naquele dia, Cristo o tomará para Si mesmo, dizendo: "Muito bem, servo bom e fiel, entra no gozo do teu Senhor". Ele limpará dos seus olhos toda lágrima e o receberá, quando você entrar na glória. Tudo acabará bem. Assim como uma mulher que, ao ver seu recém-nascido, esquece a dor do parto, assim também você esquecerá todas as aflições de seu ministério, quando entrar à companhia de Emanuel. Então, você dirá, como disse Pedro: "Alegrai-vos na medida em que sois co-participantes dos sofrimentos de Cristo, para que também, na revelação de sua glória, vos alegreis exultando" (1 Pe 4.13).

Soli Deo Gloria!

Notas

Capítulo 1: O que significa vencer o mundanismo?

1. LLOYD-JONES, Martyn. *Life in Christ:* studies in 1 John. Wheaton, Ill.: Crossway, 2002. p. 215-216. Cf. BEEKE, Joel. *Let's study the epistles of John.* Edinburgh: Banner of Truth Trust, 2005.
2. THE PSALTER. Grand Rapids; Reformation Heritage Books, 199. p. 379. Hino 426 (Salmos 116), estrofe 9.
3. SPURGEON, C. H. *The metropolitan pulpit.* Pasadena, Texas: Pilgrim Publications, 1977. 47:593.
4. Ibid., p. 594-595.

Capítulo 2: Praticando a vida vitoriosa

1. HARRIS, Joshua. *Not even a hint.* Sisters, Ore.: Multnomah, 2003. p. 113-127.
2. BLANCHARD, John (Comp.). *More gathered gold.* Hertfordshire, England: Evangelical Press, 1986. p. 249.
3. MATTHEW'S HENRY COMMENTARY. Mclean, Va.: MacDonald, 1985. 5:221. Sobre Mateus 15.28.
4. Cf. GURNALL, William. *The christian in complete armour.* Edinburgh: Banner of Truth Trust, 2002. 2:1-123.
5. BLANCHARD, John. *More gathered gold.* p. 341.

6. _____ (Comp.). *Gathered gold* . Hertfordshire, England: Evangelical Press, 1984. p. 339.
7. Ibid. p. 337.

Capítulo 3: Tornando a vitória duradoura

1. BEEKE, Joel; PEDERSEN, Randall. *Meet the puritans*— "Philip Henry". Edinburgh: Banner of Truth Trust, 2005.
2. BLANCHARD, John (Comp.). *Gathered gold.* Hertfordshire, England: Evangelical Press, 1984. p. 337-338.

Capítulo 4: O que é piedade?

1. JONES, Serene. *Calvin and the rhetoric of piety.* Louisville: Westminster/John Knox Press, 1995. Infelizmente, Jones exagera quanto ao uso que Calvino faz da retórica no ministério da piedade.
2. Citado em HESSELINK, I. John. The Development and Purpose of Calvin's Institutes. In: GAMBLE, Richard C. (Ed.). *Articles on Calvin and calvinism,* v. 4 (Influences upon Calvin and Discussion of the 1559 Institutes), p. 215-216. New York: Garland, 1992.
3. Cf. GERRISH, Brian A. Theology within the Limits of Piety Alone: Schleiermacher and Calvin's Doctrine of God (1981). Reimpresso em *The old protestantism and the new.* Chicago: University of Chicago Press, 1982. Chapter 12.
4. CALVIN, John. *Institutes of the Christian Religion* [daqui em diante, apenas *Institutes*]. In: MCNEILL, John T. (Ed.). Philadelphia: Westminster Press, 1960. 1:9.
5. Cf. RICHARD, Lucien J. *The spirituality of John Calvin.* Atlanta: John Knox Press, 1974. p. 100-101.

- LEE, Sou-Young. Calvin's Understanding of *Pietas*. In: NEUSER, W. H.; ARMSTRONG, B. G. (Eds.). *Calvinus sincerioris religionis vindex*. Kirksville, Mo.: Sixteen Century Studies, 1997. p. 226-233.
- SIMPSON, H. W. *Pietas* in the Institutes of Calvin. *Reformational tradition:* a rich heritage and lasting vocation. Potchefstroom, South Africa: Potchefstroom University for Christian Higher Education, 1984. p. 179-191.
6. BATTLES, F. Lewis (Ed. e Trad.). *John Calvin: catechism 1538*. Pittsburgh: Pittsburgh Theological Seminary, 1972. p. 2.
7. *Institutes*. Livro 1, Capítulo 2, Seção 1. Daqui para frente usaremos o formato de números correspondentes ao livro, capítulo e seção (1.2.1).
8. *Institutes*. 3.19.2.
9. Institutes of the Christian Religion: 1536 Edition. Edição revisada. Ford Lewis Battles (Trad.). Grand Rapids: Eerdmans, 1986. O título original em latim dizia: *Christianae religionis institutio totam fere pietatis summam et quidquid est in doctrina salutis cognitu necessarium complectens, omnibus pietatis studiosis lectu dignissimum opus ac recens editum* (*Joannis Calvini opera selecta*. Peter Bath, Wilhelm Niesel, Dora Scheuner [Eds.]. 5 v. Munich: Chr. Kaiser, 1926. 1:19). Daqui para frente, será referida como OS. A partir de 1539, o título foi simplificado em *Institutio Christianae Religionis*, mas o "zelo pela piedade" continuou a ser o grande objetivo da obra de Calvino. Cf. MULLER, Richard A. *The unaccommodated Calvin: studies in the foundation of a theological tradition*. New York: Oxford University Press, 2000. p. 106-107.
10. TORRANCE, David W.; TORRANCE, Thomas F. (Eds.). *Calvin's New Testament commentaries*. 12 v. Grand Rapids: Eerdmans, 1959-1972. *The Second Epistle of Paul the Apostle to the Corinthians; The epistles to Timothy, Titus and Philemon*. Thomas A. Smail (Trad.).

Grand Rapids: Eerdmans, 1964. p. 243-244. Daqui para frente, citaremos apenas *Commentary* e o texto considerado.
11. Quanto às raízes da piedade de Calvino, ver BOUWSMA, William J. The Spirituality of John Calvin. In: RAITT, Jill (Ed.). Christian spirituality: High Middle Ages and Reformation. New York: Crossroad, 1987. p. 318-333.
12. *Institutes*. 3.2.1. Calvin, *Ioannis Calvini opera quae supersunt ominia*. In: BAUM, Wilhelm; CUNITZ, Edward; REUSS, Edward (Eds.). *Corpus reformatorum*. Brunswick: C. A. Schwetschke and Son, 1863-1900. v. 29-87. 43:428, 47:316. Daqui para frente será referida como CO.
13. *CO*. 26:693.
14. *OS*. 1:363-364.
15. *CO*. 24:362.
16. *Institutes*. 3.7.1.
17. *CO*. 26:225; 29:5; 51:147.
18. *CO*. 49:51.
19. *CO*. 26:166; 33:186; 47:377-378; 49:245; 51:21.
20. *CO*. 6:9-10.
21. *CO*. 26:439-440.

Capítulo 5: Comunhão com Cristo

1. THE UNIO Mystica and the Assurance of Faith. In: SPIJKER, Willem van't (Ed.) *Calvin: erbe und auftrag: festschrift für Wilhelm Heinrich Neuser zum 65, Geburtstag*. Kampen: Kok, 1991. p. 78.
2. Ver, por exemplo:
- PARTEE, Charles. Calvin's Central Dogma Again. *Sixteen century journal*. 18.2 (1987): 184.
- GRÜNDLER, Otto. John Calvin: Ingrafting in Christ. In: ELDER, Rozanne (Ed.). *The spirituality of western Christendom*. Kalamazoo, Mich.: Cistercian, 1976. p. 172-187.

- ARMSTRONG, Brian G. The Nature and Structure of Calvin's Thought according to the Institutes: Another Look. In: *John Calvin's magnum opus*. Potchefstroom, South Africa: Institute for Reformation Studies, 1986. p. 55-82.
- HAAS, Guenther. *The concept of equity in Calvin's ethics*. Waterloo, Ont.: Wilfrid Laurier University Press, 1997.
3. *Institutes*. 3.11.9. Ver também *CO*. 15:722.
4. HAGEMAN, Howard G. Reformed Spirituality. In: SENN, Frank C. (Ed.). *Protestant spiritual traditions*. New York: Paulist Press, 1986. p. 61.
5. *Institutes*. 3.2.24.
6. Dennis Tamburello ressalta que há "pelo menos sete ocasiões em que, nas Institutas, Calvino usa a palavra *arcanus* ou *incomprehensibilis* para descrever a união com Cristo" (2.12.7; 3.11.5; 4.17.1, 9, 31, 33; 4.19.35). Union with Christ: John Calvin and the Mysticism of St. Bernard. Lousville: Westminster/John Knox Press, 1984. p. 89, 144.

Ver também EVANS, William B. *Imputation and impartations:* the problem of union with Christ in nineteenth-century american reformed theology. 1996. f. 6-68. Dissertação (Ph. D). Vanderbilt University, 1996.
7. *Commentary*, João 6.51.
8. *Institutes*. 2.16.16.
9. SPIJKER, Willem van't. *"Extra nos"* e *"in nos" por* Calvino em A Pneumatological Light. In: DEKLERK, Peter (Ed.). *Calvin and the Holy Spirit*. Grand Rapids: Calvin Studies Society, 1989. p. 39-62.
- JOHNSON, Merwyn S. Calvin's Ethical Legacy. In: FOXGROVER, David (Ed.). *The legacy of John Calvin*. Grand Rapids: Calvin Studies Society, 2000. p. 63-83
10. *OS*. 1:435-436; SPIJKER, Willem van't. *Extra nos* and *in nos* by Calvin in a Pneumatological Light. p. 44.
11. *Institutes*. 3.1.4.
12. *Institutes*. 4.17.6. *Commentary*, Atos 15.9.
13. *Commentary*, Efésios 5.32.
14. *Institutes*. 3.1.1; 4.17.12.
15. Calvinus Vermilio (# 2266, 8 agosto 1555). *CO*. 15:723-724.

16. *CO.* 50:199. Ver também PITKIN, Barbara. *What pure eyes could not see:* Calvin's doctrine of faith in its exegetical context. New York: Oxford University Press, 1999.
17. *Institutes.* 2.9.2. *Commentary,* 1 Pedro 1.25. Ver também FOXGROVER, David. John Calvin's Understanding of Conscience. 1978. 407 f. Dissertação (Ph. D). Claremont, 1978.
18. THE COMMENTARIES of John Calvin on The Old Testament. 30 v. Edinburgh: Calvin Translation Society, 1843-1848. Comentário sobe Gênesis 15.6. Daqui para frente, a nota dirá apenas *Commentary* e citará o texto bíblico. Ver também *Commentary,* Lucas 2.21.
19. *Institutes.* 3.2.6.
20. *Institutes.* 3.2.30-32.
21. *Institutes.* 3.2.24. *Commentary,* 1 João 2.12.
22. *Sermons on the Epistle to the Ephesians.* Arthur Golding (Trad). Reimpressão. Edinburgh: Banner of Truth Trust, 1973. 1.17-18. Daqui para frente, a nota dirá apenas *Sermon* e citará o texto de Efésios.
23. *Commentary,* Efésios 3.12.
24. *Sermon,* Efésios 3.14-19.
25. *Commentary,* Habacuque 2.4.
26. The Thrid Part of Christian Freedom Misplaced. In: GRAHAM, W. Fred (Ed.). *Later calvinism:* international perspectives. Kirksville, Mo.: Sixteen Century Journal, 1994. p. 484-485.
27. *Institutes.* 3.11.1.
28. *Sermons on Galatians.* Kathy Childress (Trad.). Edimburg: Banner of Truth Trust, 1997. 2.17-18. Daqui para frente, a nota dirá *Sermon* e citará o texto de Gálatas.
29. *Institutes.* 3.11.2.
30. Ibid.
31. *Institutes.* 3.11.1; 3.15.7.
32. *Institutes.* 3.13.1.
33. *Institutes.* 1.7.5.
34. *Commentary,* João 17.17-19.
35. *Institutes.* 3.11.6.
36. *Sermon,* Gálatas 2.17-18.
37. *Commentary,* Romanos 6.2.

Capítulo 6: A piedade e a igreja

1. *Institutes*. 4.1.1, 3-4. Ver também BEEKE, Joel R. Glorious Things of Thee Are Spoken: The Doctrine of the Church. In: KISTLER, Don (Ed.). *Onward, christian soldiers:* protestants affirm the church. Morgan, Pa.: Soli Deo Glory, 1999. p. 23-25.
2. *Institutes*. 4.1.4-5.
3. *Commentary*, Salmos 20.10.
4. *Commentary*, Romanos 12.6.
5. *Commentary*, 1 Coríntios 12.12.
6. *Commentary*, 1 Coríntios 4.7.
7. *Commentary*, Efésios 4.12.
8. *Commentary*, Salmos 18.31; 1 Coríntios 13.12. *Institutes*, 4.1.5, 4.3.2.
9. *Sermons of M. John Calvin, on the Epistles of S. Paule to Timothie and Titus* (1579). L. T. (Trad.). Edinburgh: Banner of Truth Trust, 1983. Comentário em 1 Timóteo 1.8-11. Daqui para frente a nota dirá *Sermon* e citará o texto bíblico. Reimpressão fac-símilar.
10. REID, J. K. S. (Ed.). *Calvin: theological treatises*. Philadelphia: Westminster Press, 1954. p. 173. Ver também ARMSTRONG, Brian. The Role of the Holy Spirit in Calvin's Teaching on the Ministry. In: DEKLERK, P. (Ed.). *Calvin and the Holy Spirit*. Grand Rapids: Calvin Studies Society, 1989. p. 99-111.
11. BEVERIDGE, Henry; BONET, Jules (Eds.). *Selected works of John Calvin:* tracts and letters. Grand Rapids: Baker, 1983. 2:56,69. Reimpressão.
12. *Institutes of the Christian religion*: 1536 edition, p. 36.
13. *Institutes*. 2.7.12. Calvino extrai dos salmos de Davi grande apoio para esse terceiro uso da lei. Ver também *Institutes* 2.7.12 e *Comentário no livro dos Salmos,* Valter Martins (Trad.), Vol. 4. (São José dos Campos: Editora Fiel, prelo 2009).
14. HESSELINK, I. John. Law – Third Use of the Law. In: MCKIM, Donald K. (Ed.). *Encyclopeadia of the reformed faith*. Louisville: Westminster/John Knox, 1992. p. 215-216. Ver também:
- DOWEY JR., Edward A. Law in Luther and Calvin. *Theology Today*, 41.2 (1984).

- HESSELINK, I. John. *Calvin's concept of the law.* Allison Park, Pa.: Pickwick, 1992. p. 251-262.
15. BEEKE, Joel; LANNING, Jay. Glad Obedience: The Third Use of the Law. In: KISTLER, Don. *Trust and obey:* obedience and the Christian. Morgan, Pa.: Soli Deo Gloria, 1996. p. 154-200.
- GODFREY, W. Robert. Law and Gospel. In: FERGUSON, Sinclair B.; WRIGHT, David F.; PACKER, J. I. (Eds.). *New dictionary of theology.* Downers Grove, Ill.: InterVarsity Press, 1988. p. 379.
16. *Institutes.* 4.14.1.
17. *Institutes.* 4.16.9. Ver também:
- WALLACE, Ronald S. *Calvin's doctrine of the Word and sacrament.* London: Oliver and Boyd, 1953. p. 175-183.
- OLD, H. O. *The shaping of the reformed baptismal rite in the sixteen century.* Grand Rapids: Eerdmans, 1992.
18. *Institutes.* 4.17.8-12.
19. Ibid.
20. *Institutes.* 4.17.24, 33.
21. *Institutes.* 4.17.12.
22. *CO.* 9:47, 522.
23. *Institutes.* 4.14.18.
24. *Commentary,* 1 Coríntios 11.25.
25. *Commentary,* Mateus 3.11; Atos 2.38; 1 Pedro 3.21.
26. *OS.* 1:136, 145.
27. *Institutes.* 4.18.3.
28. *Institutes.* 4.18.17.
29. *Institutes.* 4.17.44.
30. *Institutes.* 4.18.13.
31. CALVIN'S eucharistic piety. In: FOXGROVER, David. *The legacy of John Calvin.* Grand Rapids: CRC, 2000. p. 53.
32. *OS.* 1:76.
33. GERRISH, Brian A. *Grace and gratitude:* the eucharistic theology of John Calvin. Minneapolis: Fortress Press, 1993. p. 19-20.
34. GREVE, Lionel. *Freedom and discipline in the theology of John Calvin, William Perkins, and john Wesley:* an examination of the origin and nature of pietism. Dissertação (Ph. D). 1975. f. 124-125. Hartford Seminary Foundation, 1975.

35. *CO*. 31:19. Tradução extraída de PITKIN, Barbara. Imitation of David as a Paradigm for Faith in Calvin's Exegesis of Psalms. *Sixteen Century Journal*. 24.4 (1993): 847.
36. DENNEY, James. *The letters of principal James Denney to his family and friends*. London: Hodder & Stoughton, [19--]. p. 9.
37. Cf. MAYS, James Luther. Calvin's Commentary on the Psalms: The Preface as Introduction. In: GEORGE, Timothy. *John Calvin and the church:* a prism of reform. Louisville: Westminster/John Knox Press, 1990. p. 201-204.
38. HARMAN, Allan M. The Psalms and Reformed Spirituality. *Reformed Theological Review*. 53.2 (1994): 58.
39. Comentário do livro dos Salmos. V.1:xxxvi-xxxix.
40. Comentário do livro dos Salmos 5.11, 118.5.
41. Comentário do livro dos Salmos. 1:xxxix. Ver DE JONG, James. An Anatomy of All Parts of the Soul: Insights into Calvin's Spirituality from His Psalms Commentary. In: NEUSER, Wilhelm H. (Ed.). *Calvinus Sacrae Scripture Professor*. Grand Rapids: Eerdmans, 1994. p. 1-14.
42. Comentário do livro dos Salmos. 1:xxxix.
43. WALCHENBACH. John. *The influence of David and the Psalms on the life and thought of John Calvin*. Th. M. (Tese). 1969. Pittsburgh Theological Seminary, 1969.
44. Mais de 30.000 cópias da primeira edição completa do Saltério de Genebra (500 páginas) foram impressas por mais de 50 diferentes publicadores suíços e franceses, no primeiro ano. E, pelo menos 27.400 cópias foram publicadas em Genebra nos primeiros meses (Jeffrey T. VanderWilt, *John Calvin's Theology of Liturgical Song*, Christian Scholar's Review, 25 [1996]: 67). Ver também:
- *Le Psautier de Genève, 1562-1685: images, commentées et essai de bibliographie*. Introdução por J. D. Candaus. Geneva: Bibliothèque publique et universitaire, 1986. 1:16-18.
- WITVLIET, John. The Spirituality of the Psalter: Metrical Psalms in Liturgy and Life in Calvin's Geneva. In: Foxgrover, David. *Calvin Studies Society Papers, 1995-1997*. Grand Rapids: CRC, 1998. p. 93-117.

45. Diferentemente de Lutero, Calvino tentava evitar a mistura de músicas seculares com o canto sagrado e acreditava que todo o canto dos salmos devia ser no idioma do povo. As bases para o canto litúrgico dos salmos se acham evidentes nas Escrituras e nas práticas da igreja antiga (VanderWilt, John Calvin Theology of Liturgical Song, p. 72, 74).
46. Prefácio ao Saltério de Genebra. Ver GARSIDE JR., Charles. *The origins of Calvin's theology of music:* 1536-1543. Philadelphia: The American Philosophical Society, 1979. p. 32-33.
47. MCKEE, Elsie (Ed. e Trad.). *John Calvin: writings on pastoral piety.* New York: Paulist Press, 2001. Part 3.
48. *CO.* 10:12. *Citado em* GARSIDE JR., Charles. *The origins of Calvin's theology of music.* p. 10.
49. WITVLIET, John. *The spirituality of the Psalter.* p. 117
50. REID, W. Stanford. The Battle Hymns of the Lord: Calvinist Psalmody of the Sixteen Century. In: MEYER, C. S. (Ed.). *Sixteen century essays and studies.* St Louis: Foundation for Reformation Research, 1971. 2:47.
51. THE SHAPE of Reformed Piety. In: MAAS, Robin; O'DONELL, Gabriel. *Spiritual traditions for the contemporary church.* Nashville: Abingdon Press: 1990. p. 215. Ver também REID, W. Stanford. The Battle Hymns of the Lord. 2:34-35.

Capítulo 7: A piedade e o crente

1. *Institutes.* 3.6.2.
2. *Institutes.* 3.6.3.
3. *Institutes.* 3.7-8.
4. Comentário nas Pastorais - 1 Timóteo 4.7-8.(São José dos Campos: Editora Fiel, 2008)
5. Esta seção foi traduzida originalmente ao inglês com o título de *The Life and Conversation of a Christian Man* e reimpressa como *The Golden Booklet of the True Christian Life.*

6. Cf. LOGGIE, R. D. Chief Exercise of Faith: an Exposition of Calvin's Doctrine of Prayer. *Hartford Quaterly*. 5(1965):65-81. Ver também Maurer, H. W. An examination of form and content in John Calvin's prayers. Dissertação (Ph. D). 1960. Edinburgh, 1960.
7. Devido ao espaço, a oração é considerada aqui em sua dimensão pessoal, mas para Calvino a oração era também muito importante em seu aspecto coletivo. Quanto a uma seleção de orações individuais e familiares que Calvino preparou como modelos para as crianças, adultos e famílias de Genebra, bem como muitas outras orações de seus sermões e preleções bíblicas, ver MACKIE, Elsie (Ed. e Trad.). *John Calvin: writings on pastoral piety*. New York: Paulist Press, 2001. Part 4.
- Ver também LAMBERT, Thomas A. *Preaching, praying, and policing the reform in sisteenth century Geneva*. Dissertação (Ph. D.). University of Wisconsin, 1998. p. 393-480.
8. *Institutes*. 3.20.3.
9. Ibid.
10. PARTEE, Charles. Prayer as the Practice of Predestination. In: NEUSER, Wilhelm H. (Ed.). *Calvinus Servus Christi*. Budapest: Pressabteilung des Raday-Kollegiumn, 1988. p. 254.
11. *Institutes*. 3.20.4-16.
12. *Institutes*. 3.20.11.
13. *Institutes*. 3.20.34.
14. *Institutes*. 3.20.14.
- WALLACE, Ronald S. *Calvin's doctrine of the christian life*. London: Oliver and Boyd, 1959. p. 276-279.
15. *Commentary*, Hebreus 7.26.
16. *Institutes*. 3.20.17.
17. GREVE, Lionel. *Freedom and discipline in the theology of John Calvin, William Perkins, and John Wesly*. Dissertação (Ph.D.). 1975. Hartford Seminary Foundation, 1975, f. 143-144. Quanto à maneira como

a ênfase de Calvino sobre a oração impactou a tradição reformada, ver TRIPP, Diane K. Daily Prayer in the Reformed Tradition: An Initial Survey. *Studia Litrugica.* 21 (1996): 76-107, 190-219.
18. *Institutes.* 3.3.1-2, 6, 18, 20.
19. *Institutes.* 3.3.5, 9.
20. *Institutes.* 3.3.3.
- GLEASON, Randall C. *John Calvin and John Owen on mortification: a comparative study in reformed spirituality.* New York: Peter Lang, 1995. p. 61.
21. *Institutes.* 3.3.8-9.
22. LEITH, John H. *John Calvin's doctrine of the christian life.* Lousville: Westminster/John Knox Press, 1989. p. 70-74.
23. *Institutes.* 3.7.1.
24. *Institutes.* 3.7.2.
25. *Institutes.* 3.7.4-5.
26. *Institutes.* 3.7.7.
- JOHNSON, Merwyn S. Calvin's Ethical Legacy. In: FOXGROVER, David (Ed.). *The legacy of John Calvin.* Grand Rapids: CRC, 2000. p. 74.
27. *Institutes.* 3.7.8-10.
28. GAMBLE, Richard C. Calvin and Sixteen-Century Spirituality. In: FOXGROVER, David (Ed.). *Calvin's Studies Society papers, 1995-1997.* Grand Rapids: CRC, 1998. p. 34-35.
29. *Institutes.* 3.8.1-2.
30. *Institutes.* 3.8.3-9.
31. *Institutes.* 3.8.7-8.
32. *Institutes.* 3.9.4.
33. *Institutes.* 3.9.5.
34. WALLACE, Ronald S. *Calvin's doctrine of the christian life.* London: Oliver and Boyd, 1959. p. 170-195.
35. *Institutes.* 3.9.3.
36. *Institutes.* 3.10.

37. GREVE, Lionel. *Freedom and discipline in the theology of John Calvin, William Perkins, and John Wesly.* Dissertação (Ph. D.). 1975. Hartford Seminary Foundation, 1975, f. 20.
38. LEITH, John H. *John Calvin's doctrine of the christian life.* Lousville: Westminster/John Knox Press, 1989. p. 82-86.
39. BATTLES, Ford L. *The piety of John Calvin.* Grand Rapids: Baker, 1978. p. 29.
40. HESSELINK, I. *John. Calvin, theologian of sweetness.* Trabalho não publicado, apresentado como palestra de inverno no Henry Meeter Center for Calvin Studies, em 9 de março de 2000, p. 10-16.
41. Quanto ao pensamento de Calvino sobre a segurança de salvação, ver:
- ZACHMAN, Randall. *The assurance of Faith: conscience in the theology of Martin Luther and John Calvin.* Mineapolis: Fortress Press, 1993.
- BEEKE, Joel R. Making Sense of Calvin's Paradoxes on Assurance of Faith. In: FOXGROVER, David (Ed.). *Calvin's Studies Society papers, 1995-1997.* Grand Rapids: CRC, 1998. p. 13-30.
- _____. *The quest for full assurance:* the legacy of Calvin and his successors. Edinburgh: the Banner of Truth Trust, 1999. p. 39-72.
42. *Institutes.* 3.21.1.
43. In: BEVERIDGE, Henry (Ed. e Trad.). *Selected works of Calvin.* Grand Rapids: baker, 1983. p. 1.c. Quanto à piedade na vida de Calvino, ver BATTLES, Ford L. *The piety of John Calvin.* Grand Rapids: Baker, 1978. p. 16-20.
44. JOHNSON, Merwyn S. Calvin's Ethical Legacy. p. 79-83.
45. Ver HULSE, Erroll. The Preacher and Piety. In: LOGAN JR., Samuel T. (Ed.). Phillipsburg. N.J.: P&R, 1986. p. 71.

46. OLD, Huges O. What Is Reformed Spirituality? Plyed Over Again Lightly. In: Leith, J. H. (Ed.). *Calvin studies VII*. Davidson, N. C.: [s.n.], 1994. p. 61.

Capítulo 8: A chamada ao cultivo da santidade

1. EUSDEN, John D. (Ed. e Trad.). The marrow of theology. Boston: Pilgrim Press, 1968. p. 77.
2. BRIDGES, Jerry. *The pursuit of holiness*. Colorado Springs: Navpress, 1978. p. 13-14.
3. Isto é evidente da palavra holandesa que significa santificação — *heiligmaking* (literalmente, "tornar santo").
4. RICHARDS, Lawrence O. *Expository dictionary of Bible words*. Grand Rapids: Zondervan, 1985. p. 339-340.
5. Ver, especialmente, OTTO, Rudolf. *The idea of the Holy*. London: Oxford University Press, 1946. Tradução ao inglês: J. W. Harvey.
6. CHARNOCK, Stephen. *The existence and attributes of God*. Evansville, Ind.: Sovereign Grace, 1958. p. 449.
7. THE WORKS of the rev. John Howe. Ligonier, Pa.: Soli Deo Gloria, 1990. 2:59.
8. THE WORKS of Jonathan Edwards. Edinburgh: Banner of Truth Trust, 1974. 1:101. Reimpressão. Ver também SPROUL, R. C. *A Santidade de Deus*. São Paulo: Cultura Cristã, 1997.
9. FINLAYSON, R. A. *The holiness of God*. Glasgow: Pickering and Inlgis, 1955. p. 4.
10. THE PSALTER, 136.
11. NEILL, Stephen C. *Christian holiness*.
12. BONAR, Horatius. *God's way of holiness*. Pensacola, Fla.: Mt. Zion Publications, 1994. p. 16.
13. Citado em BLOESCH, Donald G. *Essencials of evangelical theology*. New York: Harper & Row, 1979. 2:31.

14. Citado em BLANCHARD, John. *Gathered gold*. Welwyn, England: Evangelical Press, 1984. p. 144.
15. Ver: BETHUNE, George. *The fruit of the Spirit*. Swengel, Pa.: Reiner, 1972. Reimpressão.
- SANGSTER, W. E. *The pure in heart*: a study of christian sanctity. London: Epworth Press, 1954.
- SANDERSON, John W. *The fruit of the Spirit*. Grand Rapids: Zondervan, 1972.
- BRIDGES, Jerry. *The practice of godliness*. Colorado Springs: Navpress, 1983.
- ROBERTS, Roger. Holiness: every christian's calling. Nashville: Broadman Press, 1985.
16. Catecismo de Heidelberg. Pergunta 1 (a posição do crente); Pergunta 114 (a condição do crente).
17. PINK, A. W. The doctrine of sanctification. Swenge, Pa.: Bible Truth Depot, 1955. p. 25.
18. CHARNOCK, Stephen. *The existence and attributes of God*. Evansville, Ind.: Sovereign Grace, 1958. p. 453.
19. AUGUSTINE, Aurelius. Against two letters of the pelagians. In: SCHAFF, P. (Ed.). *A select library of the nicene and post-nicene fathers*. Grand Rapids: Eerdmans, 1982. 5:404.
20. CALVIN, John. *Institutes of the Christian Religion*. John T. McNeill (Ed.); Ford Lewis Battles (Trad.) Philadelphia: Westminster Press, 1960. 3.14.4, ss. Ver também MILLER, John C. (Ed.). *The works of Thomas Goodwin*. Edinburgh: James Nichol, 1864) 6:220.
21. Citado em BLANCHARD, John. *More gathered gold*. Welwyn, England: Evangelical Press, 1986. p. 147.
22. WATSON, Thomas. *A body of divinity*. Grand Rapids: Sovereign Grace Publishers, 1970. p. 173.

Capítulo 9: Como cultivar a santidade

1. BRIDGES, Jerry. *Exercita-te na Piedade* – São Paulo: Editora Vida, 1984.
2. BRUCE, Robert. *The mystery of the Lord's Supper.* In: Torrance, Thomas F. (Ed. e Trad.). Richmond: John Knox Press, 1958. p. 82.
3. Citado em BEEKE, Joel R. *Holiness:* God's call to sanctification. Edinburgh: Banner of Truth Trust, 1994. p. 18-19.
4. LLOYD-JONES, D. Martyn. *Romanos:* Exposição sobre o capítulo 6 — O Novo Homem. São Paulo: Editora PES.
5. BRIDGES, Jerry. *The pursuit of holiness.* Colorado Springs: Navpress, 1978. p. 60.
6. PACKER, J. I. *Redescobrindo a Santidade.* São Paulo: Cultura Cristã, 2007.
7. ADAMS, Jay. *Godliness through discipline.* Grand Rapids: Baker, 1973. p. 3.
8. BONHOEFFER, Drietrich. *The cost of discipline.* London: SCM Press, 1959. Tradução ao ingles; R. H. Fuller.
9. BRIDGES, Jerry. *Exercita-te na Piedade* – São Paulo: Editora Vida, 1984.
10. "Baptism Form", PSALTER, 126.
11. Quanto às resoluções de Jonathan Edwards, tomadas para promover a santidade, quando ele tinha 19 anos, ver *The Works of Jonathan Edwards.* Edinburgh: Banner of Truith Trust, 1974. 1:xx-xxii.
12. PAUCK, William. (Ed. e Trad.) *Luther: lectures on Romans.* Phildelphia: Westminster Press, 1961. p. 189.
13. THE WORKS of John Owen. London: Banner of Truth Trust, 1967. 6:20.
14. Citado em THOMAS, I. D. E. *The golden treasure of puritans quotations.* Chicago: Moody Press, 1975. p. 140.
15. Ver BELGIC Confession of Faith, Article 28.

16. WATSON, Thomas. *The mischief of sin*. Pittsburgh: Soli Deo Gloria, 1994.
- OWEN, John. Temptation and Sin. In: *The works of John Owen*. v. 6.
- BURROUGHS, Jeremiah. *The evil of evils* ou *The exceeding sinfulness of sin*. Pittsburgh: Soli Deo Gloria, 1992.
- VENNING, Ralph. *The plague of plagues*. London: Banner of Truth Trust, 1965.
17. RYLE, John Charles. *Santidade*. São José dos Campos: Editora Fiel, 1987.
- WINSLOW, Octavius. *Personal declension and revival of religion in the soul*. London: Banner of Truth Trust, 1960.
- FLAVEL, John. Keeping the Heart. In: *The works of John Flavel*. London: Banner of Truth Trust, 1968. 5:417-507.

Capítulo 10: Encorajamentos ao cultivo da santidade

1. Citado em BLANCHARD, John. *Gathered gold*. Welwyn, England: Evangelical Press, 1984. p. 144.
2. The Spiritual and the Carnal Man Compared and Contrasted; or The Absolute Necessity and Excellence of Holiness. In: *The select practical works of Richard Baxter*. Glasgow: Blackie & Son, 1840. p. 115-291.
3. Citado em BLANCHARD, John. *More gathered gold*. Welwyn, England: Evangelical Press, 1986. p. 149.
4. WATSON, Thomas. *A body of divinity*. Grand Rapids: Sovereign Grace Publishers, 1970. p. 172.
5. OWEN, John. *The works of John Owen*. London: Banner of Truth Trust, 1967. 11:254, ss.
- BEEKE, Joel R. *Jehovah shepherding his people*. Grand Rapids: Reformation Heritage Books, 1997. p. 186-188.

6. WARFIELD, B. B. *Perfectionism*. Phillipsburg, N. J.: P&R, 1958. p. 100.
7. MARSHALL, Walter. *The gospel mystery of sanctification*. Grand Rapids: Reformation Heritage Books, 2000. p. 220-221.
8. RYLE, J. C. *Santidade*. São José dos Campos: Editora Fiel, 1987.
9. BEEKE, Joel R. *Assurance of faith:* Calvin, english puritanism, and the Dutch Second Reformation. New York: Peter Lang, 1991. p. 160, ss.
- Quanto a uma apreciação a respeito do entrelaçamento entre a santidade e a segurança, ver também Confissão de Westminter, capítulo 18, e Cânones de Dort, Assunto 5.
10. BONAR, Horatius. *God's way of holiness*. Pensacola: Mt. Zion Publications, 1994. Ch. 2.
11. WATSON, Thomas. *A body of divinity*. p. 167.
12. RYLE, J. C. *Santidade*. São José dos Campos: Editora Fiel, 1987.
13. COPPES, Leonard J. *Are five points enough?* ten points of calvinism. Manassas, Va.: Reformation Educational Foundation, 1980. p. 94-96.
14. MORGAN, Hugh D. *The holiness of God and of his people*. Bridgend, Wales: Evangelical Press of Wales, 1979. p. 9.
15. MURRAY, Andrew. *Humility:* the beauty of holiness. Old Tappan, N. J.: Revell, 1974. p. 40.
16. THOMAS, I. D. E. *The golden treasure of puritans quotations*. Chicago: Moody Press, 1975. p. 141.

Capítulo 11: Obstáculos ao cultivo da santidade

1. PLUMER, Wlliam S. *Psalms*. Edinburgh: Banner of Truth Trust, 1975. p. 557.
2. RYLE, J. C. *Santidade*. São José dos Campos: Editora Fiel, 1987.

3. BROWN, John. *Expository discourses on 1 Peter*. Edinburgh: Banner of Truth Trust, 1978. 1:106.
4. RYLE, J. C. *Santidade*.
5. FERGUSON, Sinclair. The Reformed View. In: ALEXANDER, Donald L. (Ed.) *Christian spirituality: four views of sanctification*. Downers Grove, Ill.: InterVarsity Press, 1988. p. 64.
6. OWEN, John. *The works of John Owen*. London Banner of Truth Trust, 1967. 6:79.
7. Citado em BLANCHARD, John. *More gathered gold*. Welwyn, England: Evangelical Press, 1986. p. 152.
8. Ibid. p. 149.
9. TOOM, Peter. *Justification and sanctification*. Westchester, Ill.: Crossway, 1983. p. 40.
10. Citado em BLANCHARD, John. *More gathered gold*. Welwyn, England: Evangelical Press, 1986. p. 152.
11. MURRAY, John. *Redenção: Consumada e Aplicada*. São Paulo: Cultura Cristã, 1993.
12. PRIOR, Kenneth. *The way to holiness:* a study in christian growth. Downers Grove, Ill.: InterVarsity Press, 1982. p. 42.
13. BERKOUWER, G. C. *Faith and sanctification*. Grand Rapids: Eerdmans, 1952. Cap. 6. Tradução ao inglês: John Vriend.
14. STOTT, John. *O Batismo e a Plenitude do Espírito*. 2ª Ed. São Paulo: Edições Vida Nova, 1986.
15. RUTHERFORD, Samuel. *The trial and triumph of faith*. Edinburgh: Williams Collins, 1845. p. 403.

Capítulo 12: A alegria de cultivar a santidade

1. Citado em THOMAS, I. D. E. *The golden treasury of puritan quotations*. Chicago: Moody Press, 1975. p. 140.
2. Citado em BLANCHARD, John. *More gathered gold*. Welwyn, England: Evangelical Press, 1986. p. 153.

3. OWEN, John. *The works of John Owen*. London: Banner of Truth Trust, 1967. 3: 310.
4. The Crown and Glory of Christianity: or Holiness, the Only Way to happiness. In: *The works of Thomas Brooks*. Edinburgh: Banner of Truth Trust, 1980. 4: 103-150. Resumi as marcas apresentadas por Brooks. Todo o seu tratado sobre santidade (446 páginas) é um clássico de valor incalculável, mas tem sido estranhamente negligenciado nos estudos contemporâneos sobre santidade.
5. RYLE, J. C. *Santidade*. São José dos Campos: Editora Fiel, 1987.
6. BLANCHARD, John. *Gathered gold*. Welwyn, England: Evangelical Press, 1984. p. 146.
7. BERKOUWER, G. C. *Faith and sanctification*. Grand Rapids: Eerdmans, 1952. Cap. 2. Tradução ao inglês: John Vriend.
8. *Institutes*. 3.2.8.
9. Citado em BLANCHARD, John. *Gathered gold*. Welwyn, England: Evangelical Press, 1984. p. 146.

Capítulo 13: Sua vida particular

1. *The "I Wills" of the Psalms*. Edinburgh: Banner of Truth Trust, 1985. p. 100.
2. *Commentary on John*. 2:228.
3. BAXTER, Richard. *O Pastor Aprovado*. Edinburgh: Banner of Truth Trust, 2001. p. 74-75.
4. Cf. FLAVEL, John. *Keeping the heart*. Morgan, Pa.: Soli Deo Gloria, 1998.
5. THE PSALTER. N° 236, estrofe 2.

Capítulo 14: Sua vida de oração

1. *The Christian ministry*. Edinburg; Banner of Truth Trust, 2001. p. 148.

2. Ibid. p. 148.
3. *Lectures to my students*. London: Passmore and Alabaster, 1881. p. 41.

Capítulo 15: Seu relacionamento com Deus

1. Cf. STALKER, James. *The preacher and his models*. New York: A. C. Armstrong and Son, 1891. Lecture 2.
2. BAXTER. *The reformed pastor*. p. 72-73.

Capítulo 16: Sua família

1. In: BROWN, John (Ed.). *The christian pastor's manual*. Ligonier, Pa.: Soli Deo Gloria, 1991. p.75.

Capítulo 17: Sua luta contra o orgulho

1. PURITAN sermons, 1659-1689, being the morning exercises at Cripplegate. Wheaton, Ill.: Richard Owen Roberts, 1981. 3:378.
2. BAXTER, Richard. The reformed pastor. New York: Robert Carter & Brothers, 1860. p. 212-226.
3. Citado em BRIDGES, Charles. *Christian ministry*. p.153.
4. Ibid. p. 152.
5. McGIFFERT, Michel (Ed.). *God's plot:* puritan spirituality in Thomas Shepard's Cambridge. Ambers: University of Massachusetts Press, 1994. p. 82, ss.
6. Citado em BRIDGES, Charles. *Christian ministry*. p.128.
7. PURITAN sermons, 1659-1689, being the morning exercises at Cripplegate. Wheaton, Ill.: Richard Owen Roberts, 1981. 3:390.

8. In: BROWN, John (Ed.). *The christian pastor's manual*. Ligonier, Pa.: Soli Deo Gloria, 1991. p. 66.
9. LLYOD-JONES, D. M. *Pregação e pregadores*. São José dos Campos: Fiel, 2007 p. xxx.

Capítulo 18: Seu conflito com as críticas

1. SPARKS, James. *Potshots at the preacher*. Nashville: Abingdon, 1977. p. 9.
2. STANLEY, Andy. *Visioneering*. Sisters, Ore.: Multnomah, 1999. p. 141, ss.
3. TAYLOR, James. *Pastors under pressure:* conflicts on the outside, conflicts within. Epsey, Surrey: Day One, 2001. p. 30.
4. POWLISON, David. Does the Shoe Fit? *Journal of Biblical Counseling*, Gleanside, v. 20, n. 3, p. 4, spring 2002.
5. STANLEY, Andy. *Visioneering*. Sisters, Ore.: Multnomah, 1999. p. 149-159.
6. KELLY, Douglas F. *New life in the wasteland:* 2 Corinthians on the cost and glory of christian ministry. Ross-shire, England: Christian Focus, 2003. p. 135-147.
7. MALONE, Fred. An Encouragement to Ministers on Trial. *Founders Journal*, Cape Coral, v. 16, p. 11, spring 1994.
8. SPURGEON, C. H. *Lectures to my students*. London: Passmore and Alabaster, 1881. p. 179.

Capítulo 19: Sua pregação

1. BAXTER, Richard. *O Pastor Aprovado*. São Paulo: Editora PES, 1989.
2. Ibid. p. 95-96.

3. THE WORKS of Thomas Brooks. Edinburgh: Banner of Truth Trust, 2001. 3:217-218.
4. SPURGEON, C. H. *O Conquistador de Almas*. São Paulo: Editora PES, 1986.

Capítulo 20: Seu pastoreio

1. BEEKE, Joel R. *Jehovah shepherding his sheep*. Grand Rapids: Reformation Heritage Books, 1999.
2. *An all-round ministry*. Edinburgh: Banner of Truth Trust, 1994. p. 305.
3. BONAR, Horatius. *Words to winners of soul*. Phillipsburg, N.J.: P&R, 1995. p. 34.
4. Ibid. p. 33.
5. *A minister's obstacles*. Westwood, N.J.: Revell, 1959. p. 37.
6. In: BROWN, John (Ed.). *The christian pastor's manual*. Ligonier, Pa.: Soli Deo Gloria, 1991. p. 76-77.
7. *The art of manfishing*. MacDill, Fla.: Tyndale, 1971. p. 33.
8. BONAR, Horatius. *Words to winners of soul*. Phillipsburg, N.J.: P&R, 1995. p. 31-32.

Capítulo 21: Suas convicções para vencer o mundo

1. Citado em BRIDGES, Charles. *The christian ministry*. Edinburgh: Banner of Truth Trust, 2001. p. 19.
2. Ibid. p. 23.
3. *An all-round ministry*. Edinburgh: Banner of Truth Trust, 1994. p. 393-394.

FIEL MINISTÉRIO

O Ministério Fiel tem como propósito servir a Deus através do serviço ao povo de Deus, a Igreja.

Em nosso site, na internet, disponibilizamos centenas de recursos gratuitos, como vídeos de pregações e conferências, artigos, *e-books*, livros em áudio, blog e muito mais.

Oferecemos ao nosso leitor materiais que, cremos, serão de grande proveito para sua edificação, instrução e crescimento espiritual.

Assine também nosso informativo e faça parte da comunidade Fiel. Através do informativo, você terá acesso a vários materiais gratuitos e promoções especiais exclusivos para quem faz parte de nossa comunidade.

Visite nosso website

www.ministeriofiel.com.br

e faça parte da comunidade Fiel

Esta obra foi composta em Chaparral Pro Regular 11, e impressa na Promove Artes Gráficas sobre o papel Pólen Soft 70g/m², para Editora Fiel, em Dezembro de 2020.